LIFE STRATEGIC PLANNING

人生战略规划

伍哥◎著

光明日报出版社

图书在版编目（CIP）数据

人生战略规划 / 伍哥著 . -- 北京：光明日报出版社, 2022.8

ISBN 978-7-5194-6729-6

Ⅰ.①人… Ⅱ.①伍… Ⅲ.①职业选择 Ⅳ.①C913.2

中国版本图书馆 CIP 数据核字 (2022) 第 140424 号

人生战略规划
RENSHENG ZHANLUE GUIHUA

著　者：伍　哥

责任编辑：许黛如　曲建文　　　策　划：张　杰
封面设计：回归线视觉传达　　　责任校对：李学萍
责任印制：曹　诤

出版发行：光明日报出版社
地　　址：北京市西城区永安路106号，100050
电　　话：010-63169890（咨询），010-63131930（邮购）
传　　真：010-63131930
网　　址：http://book.gmw.cn
E - mail：gmrbcbs@gmw.cn
法律顾问：北京市兰台律师事务所龚柳方律师
印　　刷：香河县宏润印刷有限公司
装　　订：香河县宏润印刷有限公司
本书如有破损、缺页、装订错误，请与本社联系调换，电话：010-63131930
开　　本：148mm×210mm
字　　数：250千字　　　　　　印　　张：8.75
版　　次：2022年8月第1版　　印　　次：2022年8月第1次印刷
书　　号：ISBN 978-7-5194-6729-6
定　　价：128.00元

有规划的人生顺理成章
无规划的人生杂乱无章

让生命觉醒　活品质人生

启语

我把治愈"内心世界"的这个愿，都写进了这本书里，不炫文技，只走心，希望把临在状态下的愿力、念力和喜悦传递给你。看书的时候，请跟着文字的气质走，细细去品味，静静地思考，其他什么都别想，把思想留在当下。

一个人，若想要真正成就自己，就必须跨越昨天，超越上一刻的自己，做好今天，去认识当下最真实的自己。拿出真正的勇气，去直面自己的内心，去总结过去。当你能直面自己内心的时候，就知道，自己真正想要的是什么了。

用书里的模型去建立人生的终极使命，用字节里的思绪去描绘人生的理想蓝图，用章节间的程式去构建人生爱的事业。遵悟自然规律，参悟生命真相，证悟宇宙真理，觉悟人生智慧。段位提升，躬身践行；忠于真理，忠诚人格，忠于使命。发掘天才的底色，正确阅遍人生使用说明书，去定位自己。正确规划人生，在最短时间实现跃迁，步入社会上流"C位"，立位人生制高点。

愿书里的字节与思愿，能拨动潜藏于你心海深处细胞的每根琴弦。让音符去奏响生命快乐的乐章，让音律去抚慰你的心灵。智慧品阅，用书里的意境去透视生命更高的维度，从书里的"悟道"去驾驭对的人生。

一个人，

一生中成就的大小，

取决于：

认知、教养、体能、眼界、格局、立位、驭术、心量和愿力！

伍哥寄语读者

感恩，生命中所有的经历与拥有的一切！感恩，我们能以书际遇，聚凝当下时刻，共同去对话过去与未来。在此，谨向广大读者朋友致以我最诚挚的问候！

本书用精练的语言及图表，深入浅出地诠释了本人对人生规划的见解和理念，并用程式及角码模式汇集成一套科学、简单、实用的思维模型系统——"TLSE"。希望这套思维模型能得到广泛应用，真正帮到广大读者朋友。

盼望本书的模型理念可以引导并激发出您的潜能，对规划及践行人生未来的理想有所帮助。由此，我们可以共同构建一个更加"健康、和谐、安全、美好"的社会，据己所能，聚智所力，助力社会新文明。

2020 年 10 月 10 日 于梨子湾

人生战略规划模型

遵悟自然规律　参悟生命真相
证悟宇宙真理　觉悟人生智慧

目录
Catalogue

第五章 顶配人生角码分析 —— 成就顶配人生，需先真实直面自己的内心 /141

第六章 雕琢人生 人生百问 ——精致的人，都对自己进行过精模化设计 /149

什么是人生战略规划？

　　所谓人生战略规划，就是一个人根据自身的综合素质、条件、社会发展形态和个人的发展志向，对自己未来的"人生定位、发展方向、价值趋向、终极使命"等，做出的一种思路设计和行动计划的思维架构。这是一套"科学、安全、系统、可行"的思维模型。即为人生规划的架构模型，也就是人生系统性规划的战略设计。

　　有规划的人生顺理成章，无规划的人生杂乱无章。一个没有目标的人，总是在为有目标的人实现目标；一个没有规划的人，总是被有规划的人所规划；没有自己的人生定位、持续的盈利法则以及独立、系统的思维模式，不可避免地就会陷入他人的游戏规则中。

　　一个人，自懂事的那一刻起，就必须确定自己的人生使命和未来的发展方向，学习并有责任规划好自己，制定人生蓝图，研究并释放生命的最高能量，做自己人生的设计师，让生命彰显人生的最大价值。要想拥有高品质人生，就必须让生命觉醒。

　　觉醒，就是自我开悟，自我成长，走上智慧之道，正确规划自己，脱离自我囚禁，去自我超越；觉醒，就是通往真理之路，让生命通往自由之道，至高真理可以独自证得。躬身践行，捕捉真我，使其能真正实现人生价值。

人生战略是什么？是一个人能站在人生全域的高度，全面系统地自我综合分析，站在现在看未来，站在未来看现在！

在高净圈层，自我规划与管理，是衡量精英阶层与草根阶级的重要标准。管理，不仅仅是在工作上做到严格的自我约束、自我检讨，还包括身心健康、身材体形、举止仪态、社交礼仪、家庭经营、高维认知、学习成长以及子女教育。

人生有很多事情，年轻时想不清楚，也搞不明白，而虚度了很多宝贵时光。到了一定的年龄，才真正开悟，但生命却过去了一大半，有的甚至快走到了生命的尽头。所以，努力发掘自己的潜能，对人生多一些思考，对未来进行正确规划，生活就会少一些盲目，少走很多弯路。

战略，是一种顶级思维、全域视野和高维认知，需要进行系统、精细、真实的自我分析，找到人生的精准定位，给自己合理设置人生目标，并制订"详致、可执行"的规划方案。

人生战略规划模型，即顶配人生系统方程式（Top Match Life System Equation，TLSE），具有"全局性、系统性、科学性、远见性、实用性、数据性、安全性"等特性，可使读者正确认识自我、了解自我。用这套系统科学规划自己，就能找到实现人生价值的快捷路径和正确行动的思维方式。

人生，就是要把梦想清晰化。首先，把理想地图绘制好，科学地设定一个一个目标，然后再跟着地图的标线走。如此，你就不会迷茫，不会迷路，就能抵达智慧人生彼岸。世上所有的恰到好处的不经意，其实都是蓄谋已久的偶然。所以，任何事情都要提前做规划。工作要计划，事业要谋划，要想实现成功的人生，更要"科学、合理、安全、严谨、规范、系统"的全域规划。

为何要做人生战略规划？

让生命觉醒，享品质人生。在今天这个竞争激烈的时代，不规划自己，就会陷入他人的游戏规则中。如果没有准确的人生定位、事业定位、工作定位、家庭定位、情感定位，没有清晰的人生目标及周密的行动计划，就会走很多弯路，浪费很多宝贵的时间，让自己感到身心疲惫。

好的人生离不开好的规划，只有合理规划，才会让自己走进好的生活环境。成功的人生离不开正确的规划，只有正确地规划自己，才会聚合成正的能量场，吸引正确的人和事，才能取得正确的结果，才会有对的人生。

人生规划就如同我们坐出租车，只有告知司机师傅你所去的目标位置才能顺利到达目的地。如果我们所去的地方不够清晰、不够明确，师傅的驾驶技术再好、车再好，我们也很难抵达目的地。

人生也一样。人生规划不科学，事业定位不精准，工作计划不清晰，人生就会缺乏动力，生活就会缺少激情，变得杂乱无章。看是忙碌潇洒，实际内心空虚，庸碌无为，更无法抵达快乐人生的彼岸。

本书所述人生规划模型，能全面、高效、简单、便捷地帮助读者做自我检测与分析，充分激发自身潜力，制订科学安全的人生规划方案，从而安全创富，真正实现高维价值的人生。

顶配人生规划系统是什么？

　　一个人，若能自我觉醒，是人生最大的智慧；若能让他人觉醒，乃世间之仁善大德。觉醒，是一种对生命"敬畏"的认知；觉醒，是一种让人生"自由"的约束。

　　什么是人生？人生的意义是什么？

　　其实很简单，人生就是生命、生活、生涯和生存。我们既要珍爱宝贵的生命，也要热爱多彩的生活，更要遵循自然的生态规律，才能不辱我们逝去的年华。

　　人生的意义就在于我们对生活不断体验，不断经历，不断取舍，又不断获得。春夏秋冬，宇宙天地，心性使命，自然因果。

　　顶配人生系统方程式（TLSE）是什么？

　　是实现创富人生"安全的"模型系统；是提升个人成长"快捷的"高速通道；是铸就成功人生"智慧的"解方程式。能升级生命的维度，能升华生命的厚度；能释放生命更高的能量，能为你提供领跑世界的力量！

　　用这套模型系统能更简单地设计自己的人生，更科学地规划自己的未来。开发自己，鞭策自己，解放自己，继而能更好地成就自己。躬亲自然，发现真相；只有明白生活的真实意义和价值，才能成就我们对的人生。

价值思维（VALUE）

人类

最终的努力都为价值而去

高维的思想创造高维价值

生命

是用来不断地创造价值

是用来不断地实现价值

本位价值

实现人生智慧

高维价值

成就价值人生

模型思维（RMODEL）

人生

唯以有圣哲大德的谆谆教化

我们才会变得更加优秀

人生

唯以对自己进行过精模化设计

我们才会变得更加完美

价值思维

彰显你的人生智慧

模型思维

成就我们的顶配人生

第一章

正视自我·自检

—— 在自检中认识真实的自己

　　能正确地认识自我，便能正确规划人生；评判他人容易，认识自己很难。一个人若要真正成就自己，就必须对自己进行"全面、系统、客观、理性、清晰"的综合分析。

　　在社会竞争日益激烈的今天，我们不只要学会自我成长，更要懂得时刻自我检讨，向内而行，发挥自己的长处，规避自己的短板，激发自己的天才领域，使自身优势能发挥至极致。

有规划的人生顺理成章，无规划的人生杂乱无章。要做好人生规划，就必须先对自己进行"全面、系统、客观、理性、清晰、科学"的综合分析。

我的人生使命是什么？我的人生定位是什么？我的事业定位是什么？我的职业定位是什么？我人生的终极目标是什么？

我的出生背景如何？家庭背景如何？教育背景如何？资源背景如何？我的核心优势是什么？我的天赋异能是什么？我有无性格缺陷？我的长处是什么？我最大的短板是什么？

我生命中的贵人是谁？我的人生导师是谁？我的事业导师是谁？我的生活圈子怎么样？我的朋友圈子都是什么人？有多少是有成就者？我靠什么盈利？有无持续赚钱的法门？我能提供最大的价值是什么？

我的身体素质如何？我的健康状况如何？我的性格如何？我有无不良嗜好？我有无潜在的健康风险？

我的能量场如何？我和父母的关系如何？我和爱人的关系如何？我和子女的关系如何？我和兄弟姐妹的关系如何？我和朋友的关系如何？我和同事的关系如何？

能正确思考、正确认知、正确决断，方能对自己进行正确规划。清晰的思维力，果敢的决断力，严谨的自控力，海量的阅读力和超强的行动力，是一个高维度之人必须具备的能量。

TLSE **自省程式**

第一，我是什么
官二代？富二代？红二代？农二代？创二代？……

第二，我有什么
高学历？精技术？强关系？大格局？多财富？……

第三，我要什么
财富？事业？工作？家庭？健康？……

第四，我缺什么
大智慧？智导师？大平台？强关系？真资源？……

第五，我困惑什么
当下事？当前人？没钱财？没事业？没工作？……

第六，我要成为什么
企业主？技术人才？公职员？就业族？自由人？……

第七，我当下该如何做
静思考，做定位，定方向，定目标，定计划？……

第八，我为谁创造价值

受益对象是谁？如何体现我能为他人创造价值？如何证明？

第九，我为谁做出贡献

服务对象是谁？我能提供什么样的帮助与服务？能贡献什么？

第十，我要如何进行自我管理

从哪些方面提升自己？从哪些方面完善自己？

第十一，我如何展示我的人格魅力

我的能量场怎样？我的核心竞争力是什么？我的专业是什么？

第十二，我如何建立我的人生使命

必须先搞明白自己人生的终极使命、价值思想及生活信念。

第十三，我如何呈现我的人生价值

思想利他，言行利他，做事利他，利益利他。

利他而行，是浅显人生价值与获得价值资源最佳的方程式。

第十四，如何达成人生目标

先确定终极目标，然后做详尽规划、分解目标，再践行计划。

TLSE 高维人生二十问

第一，我人生的终极目标是什么？

第二，我人生的发展方向在哪里？

第三，我个人的核心竞争力是什么？

第四，我的人生定位在哪个行业发展？

第五，我人生的职业定位是什么？

第六，阻碍我当下发展的最大障碍是什么？

第七，我如何做才能彻底解决当下问题？

第八，我有哪些可变现的真实资源？

第九，我性格中最致命的弱点是什么？

第十，我如何规避人生的潜在风险？

第十一，我身边有哪些可即刻转化的资源？

第十二，我现在处于社会哪个层面？

第十三，我如何在最短的时间实现跃迁？

第十四，我如何迈向成功人生第一步？

第十五，我靠什么赚钱？

第十六，我如何找到财富的最佳路径与入口？

第十七，我如何设计人生的可持续盈利模式？

第十八，我如何打造个人品牌？

第十九，我的人生导师是谁？

第二十，谁是我人生中真正的贵人？

人生自省基点

一个人，多年过去了，都还没什么起色，没什么变化，没什么提升，没什么成就，没什么格局，究竟是为什么？

那是：

一、少静思，少学习，不自检，不自律；

二、没规划，没计划，没造化，没教化；

三、缺理念，缺思想，缺导师，缺志向；

四、少视野，少转变，少行动，少付出。

人生规划，既科学，又合理，叫版图梦想。

人生规划，不科学，不合理，叫胡思乱想。

若一个人的目标与定位出现问题，他就会变得：

忙！茫！盲！

回顾过去

回顾我的过去：3 年、5 年、10 年、20 年、30 年……

我经历了什么？我获得了什么？我创造了什么？我失去了什么？我成就了什么？我后悔了什么？我感悟了什么？

我成了怎样的一个人？我过着怎样的一种生活？

现在的生活，自己满意吗？这是自己想要的生活吗？

我的健康状况如何？我的家庭状况如何？我的事业状况如何？我的工作状况如何？我的经济状况如何？我的思想状况如何？我的婚姻状况如何？我的居住环境如何？我的个人成长如何？我的朋友圈子如何？我的资源圈子如何？我的社会关系如何？

展望未来

展望我的未来：3 年、5 年、10 年、20 年、30 年……
我会成为怎样的一个人，我会过上怎样的一种生活？
怎样的生活才是我真正想要的生活？

我的健康指标达标；我的家庭温馨和睦；我的事业稳步发展；我的工作开心快乐；我的财富直线增长；我的思想格局不断升级；我的婚姻稳定和谐；我的居住环境温馨雅致；我的修为受人尊重；我的朋友圈和谐健康；我的资源真实有效；我的社会关系干净纯粹。

今天的生活是昨天决定的，今天的决定将关系到明天的生活。

一个人，能适时静下来思考，是一种人生智慧；把自己的健康安全地经营好，人生便是在修行。

你的人生阅历和平时生活中养成的性格与习惯，决定你的容颜、决定你的精神、决定你未来的生活、决定你人生的发展以及决定你生活的状态。

高维度的人具备的十大素质

第一，清晰的思维力 第二，敏锐的洞察力

第三，果敢的决断力 第四，资源的把控力

第五，严谨的自控力 第六，海量的阅读力

第七，大胆的创新力 第八，超凡的影响力

第九，科学的融合力 第十，超强的行动力

是什么决定我们的未来

一、是什么决定你未来的身份？

二、是什么决定你生命的能量？

三、是什么决定你未来的财富？

四、是什么决定你人生的气场？

是你对自我必须有正确的认知；

是你对自己必须有精准的人生定位和科学的人生规划；

是你对自己所拥有资源的掌控和朋友圈层的智慧经营。

决定未来的四大元素

一、想成为谁？

先做好人生立位，即立志做什么人。

再做好人生的定位，即聚焦做什么事。

二、你认识谁？

你认识他，他认识并欣赏你，且愿意帮助你。

三、读什么书？

必须时刻提升自己，并吸收正确的知识。

四、每天获取什么信息？

谁传递给你信息？为何传递给你？传递给你的目的是什么？你必须具备甄别与转化"价值信息"的能力。

第二章
顶配人生系统模型
——为你的人生提供领跑世界的力量

升级与诠释人生的高维境界，探索与解密生命的无限可能。TLSE顶配人生系统方程式模型，是通过对一个人进行"全面、系统、安全、严谨、实用、综合"的研究与分析，"专业、科学"地设计出一套符合你人生未来发展的规划及导航系统，将为你人生的发展提供领跑的力量。TLSE是实现创富人生安全的模型系统，是提升个人成长快捷的高速通道，也是铸就成功人生的智慧方程式。

想拥有顶配的人生，需让思想开悟与生命觉醒。能看透物的本质、不被执念所困；身体健康、精神富足、家庭和谐、工作顺心、事业稳定；有一颗自由喜悦充满爱的心灵，还有几个真正懂你的朋友。这才是真正顶配的人生！

顶配人生系统规划范围

顶配人生系统方程式模型，以"科学化、健康化、战略化、标准化、精细化、系统化、全面化"地对一个人进行深度解剖分析，然后按 18 个小节进行规划。顶配人生系统方程式规划涉及内容：

第一节，品牌规划　　　　第二节，安全规划

第三节，思维规划　　　　第四节，健康规划

第五节，成长规划　　　　第六节，价值规划

第七节，定位规划　　　　第八节，目标规划

第九节，事业规划　　　　第十节，技能规划

第十一节，人脉规划　　　第十二节，关系规划

第十三节，时间规划　　　第十四节，模型规划

第十五节，财富规划　　　第十六节，资源规划

第十七节，标签规划　　　第十八节，圈子规划

第一节　品牌规划
—— 如何开始做人生规划

　　这里所讲的品牌，是指一个人对自己个人的品牌定位规划。21世纪的生存法则就是必须打造个人价值IP，建立个人品牌。品牌是自身形象的标志，也是自己的无形资产，是在拥有外在形象和内在涵养的基础上所建立的特性和传递信赖及忠诚的永久指南。

　　你的个性品牌，是他人对你的印象或口碑；是一个"独特、鲜明、确定、感知、传播"的信息集合体。品牌是一个人对社会或他人的一种承诺，是一种契约精神，也是一种文明、信赖和价值的体现与传播。

个人品牌的价值

品牌，即品名，就是一个人的称谓，是人品和名号；是植入大众心目中的一幅画面，是一种影像记忆。它代表你的人格，代表你的形象；是一个人在社会中身份地位的有力证明，是你在某个行业、某个领域的贡献、特点、能力、角色等综合价值的呈现。

名字是什么？

名字是烙印，是一个人的标签，是一个人的符号，是一个人的神形。因为它诠释的是一个人的形态，呈现的是一个人的价值，传递的是一个人的智慧，一种精神，一种力量，一种信息，一种信仰，一种信念，一种信任。

所以，品牌即为你的人品品名。品名即烙印，是你的超级 IP 值；是给自己、给他人的一种无形的信赖与安全保障。正所谓一个名（名字），一个品（德行），一个形（体能），一个神（精神状态），即为一个人的一生。

如何做个人品牌规划

规划一：给自己取个有内涵、有故事、响亮且好记的名字；

规划二：给自己设计一个大方、得体、独特的外在形象；

规划三：给自己确定一个精准的职业（事业）及行业定位；

规划四：最大可能地发掘出自己最佳、最擅长的领域；

规划五：融入一个高端环境并能为其提供有效的价值；

规划六：提升并创新所在领域的专业知识；

规划七：塑造并打造几个属于自己的经典案例；

规划八：找几个彼此认同，并能相互勉励的知己推手；

规划九：在互联网上给自己建立一个开放公信的信息窗口；

规划十：寻找并拜崇业内第一的人生导师。

个人品牌规划范畴

要做好个人的品牌规划，就要全面多维地分析自己。按以下 16 点给自己做"系统、详细、全面"的品牌规划。

第一，名字的品牌规划   第二，妆容的品牌规划

第三，五官的品牌规划   第四，形神的品牌规划

第五，体形的品牌规划   第六，声音的品牌规划

第七，性格的品牌规划   第八，语言的品牌规划

第九，思想的品牌规划   第十，发型的品牌规划

第十一，着装的品牌规划   第十二，形态的品牌规划

第十三，习惯的品牌规划   第十四，行为的品牌规划

第十五，修为的品牌规划   第十六，职业的品牌规划

个人品牌的定位

要享有顶配的人生，就必须建立个人品牌，对个人品牌进行定位和立位。也就是说，必须对自我有一个"科学、全面、精准、清晰"的认知；只有这样才能有效地树立起个人的品牌。

自我认知包括我要成为什么样的人？我要做什么？我的终极目标是什么？我的核心价值是什么？个人特长在哪儿？我的优势与个性适合在什么行业发展？适合从事什么类型的工作？

找出自己在所在行业、领域所存在的独特价值是个人品牌定位的关键。你对社会及他人的贡献值和精湛的专业技能是个人品牌建立的要素。只有个人有效且不可替代的价值和技术技能专而精，个人品牌才有价值，品牌才有影响力。

建立个人品牌需要一个长期的时间及过程，即使已经形成了个人品牌，要想保持下来，也必须不断学习新知识、补充新内容。不断学习，不断提升，不断实践，不断进取。

不要跟风，要学习那些对自己有用、有价值的东西，学习要专业。要学会包装和推销自己。包装就是要成功地展现品牌的个性内涵与特色，让他人充分欣赏与认识你的价值。但需要注意的是包装要适度，不可太夸张。过分包装会对个人品牌产生负面的影响。

个人品牌规划注意事项

一、所取名字的"音、形、意"要有文化内涵，不能内耗能量。

　　音：好叫、好听、顺口；

　　形：好看、好写、好记；

　　意：好理解、有意境、有思想、有能量、有格局。

二、设计的个人形象要"大方、得体"，能加分，不可太夸张。

三、人生的标签定位一定要精准，不能随意变化。

四、在所在的从业领域一定要专业，不能是外行。

五、人生的导师要拜真正的智者，不能把自己引向偏门。

六、知识每天要升级、更新，不能抱着陈旧的认知观念。

七、生活、生意、工作的圈子能彼此赋能，不能太杂乱。

八、生活、生意、工作中的伙伴要有德才品性，忠诚，不会背叛。

九、价值观念、思想理念要清晰，方能换回有价值的等值物。

十、自己必须有真正的价值，方能赚钱。

　　建立个人品牌应具备三个基本特征：

　　一是独特性，即具有自己特殊的特点、形态、理念和观点。

　　二是相关性，即能够与他人认知中较为重要的东西联系起来。

　　三是一致性，即和人们所观察到的行为具有某种的一致性。

第二节　安全规划
—— 幸福的人生需要安全的规划

生命中，一个人最大的能量是什么？是能静下来"安全地思考、正确地思考、正确认知、正确决定、正确行动"。能规划自己的人生，方能防患于未然。

一个人，若能正确地对自己的人生进行科学、安全地规划，相信会抵达有爱的人生；一个人，能把爱请进生命中来，并让其留下来，人生才会聚集正的能量。因为安全而有爱的生命，能得到多方支持。

安全智慧

一个人，一生中最大的幸福是什么？

是能"健康、快乐、安全、自由、自在"地生活。自由的前提是自律，安全的前提是守规！

一个人，一生中最大的安全保障是什么？

是有一颗智慧的头脑，知道什么事该做，什么事不该做；什么话该说，什么话不该说；什么人该见，什么人不该见；什么东西可得，什么东西不可得；什么路能走，什么路不能走；什么知识可学，什么知识不能学。

要能明辨是非黑白，要能维持刚毅正直。走路看天地，做事观人心。一切以思为道，本心以爱为根。

智慧思维，有爱的心，一切利他而行。不做亏心之事，不做违法之事，不做损德之事，不做损他之事，方能享安全的人生。

如何做人生的安全规划

规划一：学习一个领域的专业知识，丰盈大脑，正确驾驭人生。

规划二：学会一门专业技术，在任何环境下都能有生存的本领。

规划三：结交几个正能量的朋友，相互成就，相互支持和勉励。

规划四：练就一双慧眼，遇人看本尊（德行胸怀），遇事看本质。

规划五：拜几位德行兼崇的导师，聚智、聚能、聚福运。

规划六：给自己做几份安全保障：健康、意外、生活。

规划七：事业路上，多分析社会发展趋势、国家政策导向。

规划八：在工作中，看企业发展方向、商业模式状况。

规划九：在互联网上，个人的自媒体必须安全防御及规划。

规划十：个人"信用、财富、健康、圈子、资源"的安全规划。

人生安全规划范畴

　　要做好人生的安全规划，就需要全面多维地分析自己。正所谓错误一局，败则全局，安全规划对自己的一生尤为重要。

第一，法律安全规划　　　　第二，思维安全规划

第三，健康安全规划　　　　第四，身体安全规划

第五，家庭安全规划　　　　第六，朋友安全规划

第七，学习安全规划　　　　第八，言行安全规划

第九，事业安全规划　　　　第十，工作安全规划

第十一，居境安全规划　　　第十二，财富安全规划

第十三，信用安全规划　　　第十四，资源安全规划

第十五，网络安全规划　　　第十六，饮食安全规划

安全三要素

要素一：法律

法律是规则。国无法不安，人无律则乱。我们做任何事，都要以遵守法律为第一原则，以法为遵，依法而行；以法从事，依法行事。

要素二：规律

规律是自然。宇宙的最高法则是自然，自然的最高法则是规律。所以，一个人要遵循规律，懂得顺势而为，才能轻松地驾驭人生。

要素三：概率

概率是智慧。懂得自然规律的人，就能计算全局的概率。只有能精算出概率，才能掌控成功的指数。

安全三维界

第一界：法界

法界是天。古语云："天道酬勤。"《周易》卦辞曰："天行健，君子以自强不息；地势坤，君子以厚德载物。"做事顺应天道，谋事顺应自然。

第二界：眼界

眼界是地。天地之间，地为生灵之母。天在上，地在下；天为阳，地为阴；天为火，地为土；天性刚，地性柔。天地合而万物生焉，四时行焉，没有天地便没有世间的一切。天高行健，地厚载物。万物的生长基于土地的滋养，万物的延续基于天地的能量。

第三界：境界

境界是人。人乃宇宙生灵的高级思想者。人与人之所以不同，均因他的思想。灵性打开、思想觉醒的时候，是一个人能量场最强大的时候。正所谓，思想格局有多大，他的舞台世界就有多宽。

第三节　思维规划
—— 思想的经纬就是心海的罗盘仪

　　人和人之间的不同，本质上说就是思维模式上的差异，思想的差距会导致结果的不同。思维是一个人心路的导航图、心海里的指南针、航海船上的罗盘仪。好的思路如同卫星导航系统，可以精准分析路线轨迹，搜寻定位人生的正确方向，让你更接近计划目标，快速抵达人生蓝图的彼岸！

　　高维的思维方式是一种顶层的逻辑程式，主要体现在对未来路径战略结构的前瞻性、预见性、具体性和必然性。

　　价值思维，彰显人生智慧；模型思维，成就智慧人生。

顶级思维

一个人，善于用思想去规划自己，就能跨越人性中的惰性，驾驭对的人生；**不能用思想去指导方向，那迎接他的一定是痛苦。方向对，生活就对；生活对，人生就赢！**

人生，就是一场美丽的邂逅，更是一场与自我对决的修行。不论走荆棘的小路，还是走宽阔的草原，问题就像脚下的路，一直走才会延伸。而命运，就藏匿在我们思考问题的方式里。

设计顶级的思维模型，就是找出最佳的解决方案程式。我们的未来不可成为"在行动中进行创意与思考"的方式。

战略性思维，便是一种独特的理解力和预先发现并有解决当下与未来问题的能力；通过多维的空间角度，科学地去理解与设计未来的人生蓝图。

如何提升自己系统思维的能力？

首先必须学会"引入性思维、前沿性思维、战略性思维、利向性思维、整体性思维、局部性思维、胜者性思维、曲线型思维、直线型思维及价值型思维"；必须懂得思维的逻辑性、科学性、数据性和思维的必然性。

模型思维

　　模型思维，即战略型框架思维。程式构成条件必须具备"科学性、数据性、量化性、信息性、价值性、利他性和可转化性"。

　　要学会并掌握高维的模型思维，思维力需凌驾于经验及先天智慧之上。经验是一个人以当下时刻为节点，以逆向时间轴差所带来的信息量总和的总结。它体现了主体能动地反映客体的一种符号性能力，是主体改造客体的某种规则。

　　模型思维对人的认识具有非常重要的作用，因为认识是主体对客体的反映，客体决定认识的内容，而客体对认识的决定作用是通过主体的思维模型实现的。

　　模型思维是思维力的一种索引程式，也叫脑络图形。可呈现的价值就是：图表、格式、标图、数据、文字及时间，也称之为六度思维。
　　包含组成因素：思维的目的，思维的结构，思维的条件，思维的过程，思维的认知和思维的价值。

思维模型规划范畴

要为人生做好科学的规划，就必须有顶级的思维模型，更需要对自己的思维力进行全面、系统、科学的升级。正所谓：高度决定第一，角度构建唯一，战略改变格局，立位决定地位。

第一，模型思维规划　　　　第二，战略思维规划

第三，系统思维规划　　　　第四，价值思维规划

第五，认知思维规划　　　　第六，仪表思维规划

第七，线性思维规划　　　　第八，数字思维规划

第九，逆向思维规划　　　　第十，财商思维规划

第十一，金融思维规划　　　第十二，杠杆思维规划

第十三，安全思维规划　　　第十四，棋盘思维规划

第十五，管道思维规划　　　第十六，平台思维规划

构建思维模型的程式要点

高维思维者的六个基本特征：

一是高维格局：高维格局的人是具备天下观、世界局的维者。

二是高维道德：高维道德的人都是遵循规律、制定规则的尊者。

三是高维胸怀：高维胸怀的人都是能融天地、装大海的度者。

四是高维使命：高维使命的人都是能躬身践行的使者。

五是高维智慧：高维智慧的人都是能发现并掌握宇宙真相的智者。

六是高维生命：高维生命的人都是能穿越宇宙、超越生命的觉者。

根据上述特征，构建思维模型的程式要点如下：

一、目标：模型思维结构终极要呈现什么数据？

二、动力：驱使展开脑络思维的目的是什么？

三、价值：模型思维的终极意义所带来的形态是什么？

四、条件：思维导图的期望值达成所需的综合条件是什么？

五、关系：达成思维结果数据所需匹配的存量资源是什么？

六、系统：用什么工具或数据结构去核算统筹？

七、杠杆：用什么东西去撬动与捍卫目标价值？

八、支点：谁是帮助与支持思维呈现的重要元素？

九、模式：用什么程式去计量与权衡思维数据利益结构？

十、规则：匹配资源参与者的责权益的标准是什么？

四为四性的思维模型

四为：

一、以终为思：以结果为导向的思维模型。

二、以标为基：以标准为基本的思维模型。

三、以清为结：以归零为结果的思维模型。

四、以道为德：以自然为规矩的思维模型。

四性：

一、全局性：思维导图的设计需要考虑事务的整体与全面性，简言之就一个字"局"，即如何布局。

二、科学性：思维导图的设计需要考虑事务的可溯与标准性，简言之就一个字"理"，即如何在理。

三、安全性：思维导图的设计需要考虑事务的风险与稳重性，简言之就一个字"稳"，即如何安全。

四、可行性：思维导图的设计需要考虑事务的便捷与持续性，简言之就一个字"执"，即如何执行。

第四节　健康规划
—— 健全的人格需要有健康的思想

一个人有健全的思想，才会有健全的人格；有了健全的人格，才会有健康的身体。有健康，一切皆在；失去健康，一切皆无；只有驾驭多维的健康，方可品味快乐的生活，才会拥有幸福的人生。

一个人，能规范自己的言行，能管理好自己的情绪和健康，人生就赢了一大半。所以，人生最大的资本是有健康的身体；人生最大的智慧，是有高维的思想。保持"身、心、形"的健康，就是对自己和家人负责，也是对社会负责，更是对国家负责。不要只用金银首饰、华丽衣服和虚名来装饰自己，而要用健康的思想与健全的人格武装自己，人生才会更加璀璨。

健康思想

健康思想，首先是身体、精神处于一种完美的状态，以及良好的适应能力，而不仅仅是思想呈衰弱状态和身体没有疾病，其言行均处于正常形态。

人们所指的身心健康，是一个人身体、心理、社会适应和道德方面都健全，才是一个完全健康的人。身体健康一般指生理的健康。心理健康一般有三方面的标志：

第一，具备健康心理的人，人格是完整的，情绪是稳定的，积极情绪多于消极情绪；有较好的自控能力，能保持心理上的平衡；有自尊、能自爱、有自信心以及自知之明。

第二，一个人在所处的环境中，有充分的安全感，且能保持正常的人际关系，能受到别人的尊重和信任。

第三，健康的人对未来有明确的目标，做事能切合实际且不断进取，有理想和事业的追求。

思想健康者，能适应复杂社会的环境变化。发生的一切他能理解，能接受，能应对。

道德健康者，不以损害他人的利益来满足自己的需要，有辨别真伪、善恶、荣辱、美丑等是非观念，能按社会认为规范的准则约束、支配自己的行为，能为他人的幸福做贡献。

健全人格

　　健全人格的最简单的定义，就是其人格的正常和谐发展。心理学对健全人格的学术定义是从五个维度来描述的：性格、品格、责任、情绪和思维。

　　健全人格，是一个相对的概念，反面是人格缺陷或价值观扭曲。当一个人的人格发展出现了偏激或障碍时，就需要进行修正。这个过程就是人格的健全过程。

　　健全人格是一个结构性概念，是一个"多层次、多水平、多侧面、多逻辑、多心理成分"的构成物。"认知、情感、意志"是人格最基本的构件。

　　健全人格所涉及的心理分析，还包含一个人的"人生观、世界观和价值观"。从行为动力、调控系统以及行为特征，组成由高到低的逻辑层次结构；世界观、人生观是最高层次，它制约着一个人的意识和行为的动力与调控系统，如需要、动机等。

　　健全人格需要有健康的思想，借用云谷禅师开示袁了凡先生的一段话与大家共勉："远思扬祖宗之德，近思盖父母之愆；上思报国之恩，下思造家之福；外思济人之急，内思闲己之邪。"这六条其实就是佛法上讲的正思维、正思想。现代话就是健康思想，它构成健全人格的基本元素。

健康模型规划范畴

健康理念是人生规划的首要前提。健康规划所涉及的范畴较为广泛，也较为抽象。所以，要想拥有健全的人格，必须有健康的思想及健康的身体，全方位对自己的健康进行系统规划。

第一，思想健康规划　　　　第二，身体健康规划

第三，生理健康规划　　　　第四，心理健康规划

第五，作息健康规划　　　　第六，睡眠健康规划

第七，营养健康规划　　　　第八，饮食健康规划

第九，语言健康规划　　　　第十，行为健康规划

第十一，家庭健康规划　　　第十二，关系健康规划

第十三，环境健康规划　　　第十四，爱好健康规划

第十五，学习健康规划　　　第十六，生活健康规划

健全人格程式标准

一、爱心：只有拥有爱心，人的存在才能对他人和社会具有价值。在东西方的道德体系中，都将爱心作为道德的最高准则。

二、忍耐：实际是一个人的意志力，也就是在实现目标过程中克服困难的能力。忍耐力强的人容易抓住机会，更容易获得成功。

三、宽容：是指一个人的胸怀，对自己不喜欢的人或事能够给予包容，对冒犯过自己的人能够原谅。宽容会获得更多的支持者。

四、乐观：是健全人格一个不可缺少的方面，它能使人更加从容地面对困难和挫折。可使人发挥更大的主动性和创造性。

五、平和：指一个人具有较强的调节和控制情绪的能力，这必然会有良好的人际关系，更善于与他人合作，事业上成功的机会多，家庭生活也更为美满。

六、节制：是对自身需求的约束能力。人都有欲望，但应适可而止，否则无止境地追求很可能导致不利的后果。节制会使人知足常乐，保持良好的状态。

七、谦逊：谦逊不能只体现在表面和口头上，而是发自内心对自己和他人的客观认识。无论我们取得多大成功都不可自高自大。

八、守信：无论你受限于何种条件，只要答应就应该尽全力做到。

九、责任：是承担对他人应尽的义务，承担自己行为所产生的后果。

十、自省：自我反省在东西方道德中都占有非常重要的地位，是一种素质，是一种涵养，是高维人格所必须具备的素质。

健康与智慧

智者，智慧之士均懂得如何释放压力，懂得百病烦恼起，烦恼生百病；佛家云：身无病痛，便是逍遥佛祖，心无障碍，便是自在神仙。

一个人，为何不健康？

因为生活习惯，因为生活环境，因为生活条件，因为生活念想，因为生活心态。

一个人，为何而烦恼？

因为要求太高，因为奢求太多，因为付出太少，因为目标太大，因为修为不够，因为智慧不够。都因无明而烦恼，均因无明而痛苦。

正所谓：圣人求心不求佛，凡人求佛不求心；智人调心不调身，凡人调身不调心。

健康之道，就是生活之道；智慧之道，就是利他之道，成我之道，也是开悟之道，悟道才能得到。一切都只是过程，而非结果。看古典名著《西游记》的诠释：真经不在西天，而在路途；佛祖不是如来，而是修我。所以驻步当下，简单放下，依思而行，便是大健康，便是大智慧。

第五节　成长规划
—— 不忠于自我成长，便无法改变命运

生命从诞生的那一刻起，便被赋予一个严肃的话题，那就是人生；生命从起点到终点，其间不论长短，不论经历什么，都是人生的一次旅行。同样是生命，却是不一样的价值本位；有人出生便能悟道，有人在终结那天也不知成长。人生的程式是自己去成长，只有充分了解自己，方能自我励志、自我成长。不畏挫折，才能与幸福有约，才能与成功握手。人生最大的资本不是获得多少财富，而是能在失败中去总结自己，去省悟，那便是人生的成长！

成长最快的方式就是去找个智者，拜为导师，读本好书，脱离低层的认知。与智慧零距离，心灵对话、思维碰撞，进而提升认知，提高心智，进入生命程式的更高维度。

关于成长

一个人的一生总要走一些弯路，方能省悟。多数人无法在当下就确定自己做的选择是否正确和长远。都想给自己一个期限去尝试，去体验。可人生最为宝贵的就是时间，一去不复返。

让人生未来路途更加清晰的方法就是科学地做好人生规划，理性经历，理性体验；人生只有不断自我总结，才会真正成长；只有对的路，才能引领你走向人生的巅峰，抵达成功的彼岸。

成长必须做好时间规划，计算方法必须科学，不能只做数学公式。合理计划好每一天，做事到位，安排有序。起早多做，时间就比别人多，要有赢得时间、获得他人助力的方法。

思想要大气，落地须细致，思维的境界与做事的态度决定人生未来路途的宽广。

很多人没有目标，把自己困扰在时间与问题之中，锁定在焦虑之中，活在偏执的思想里，性格急躁，做事畏缩，不知未来在哪里。从未释放潜力，拼尽全力去做一件事。试问，你如何在最美的时光中去拥有美好的人生？

成长是品格的提升，成长是习惯的养成，成长是资源的聚集，成长是智慧的开悟，成长是能力的体现。

智慧成长，做自己的贵人

这个社会，大多数有能力的人是不会浪费自己的时间来关照与他无关的你。认清一点：不是所有的问题都可以向别人讨教，自己必须学会处理与解决问题；拥有发现与化解问题的能力是一种成长。不可把迷茫与困难抛给别人，因为那是低情商、低水平的表现。

这个竞争的世界，你必须耗尽全力，历尽艰辛，练就钢铁之身，才能打败对手。

人生需要经营，智者借力而行；人和人的不一样，是由"出生环境，家庭背景，个人天赋，努力程度，资源配置"等综合组成，这是生命与命运的真相。

人生不断努力，就会遇见最美；人生不断成长，生命就会变得更有能量。一个人如果没有规划，没有目标，不如原地精进，必须智慧而行。如果要成为顶尖，就必须辐射优越的资源。

没有人有义务去挖掘你的才华，在每一个绝望无助的时刻都要好好笑着，伸出自己孤独的手去与这个广博的世界成为朋友。共同成长，含着苦涩的眼泪，强迫自己在绝境中笑出声来。

所以，只有不断成长，不断强大自己，不断增长智慧，不断地革新思想，成为价值的本体，你才能成为自己的贵人。

智慧成长规划范畴

人生前进的道路是自己给自己铺的，是荆棘的小道，还是康庄大道，全在你的规划设计里。成长是无尽的阶梯，必须一步一步攀登，回望来时的路，你才有笑与观摩的资本。

第一，人格成长规划　　　　第二，格局成长规划

第三，知识成长规划　　　　第四，能力成长规划

第五，德行成长规划　　　　第六，境界成长规划

第七，视野成长规划　　　　第八，心智成长规划

第九，技能成长规划　　　　第十，阅历成长规划

第十一，修养成长规划　　　第十二，思维成长规划

第十三，认知成长规划　　　第十四，体格成长规划

第十五，胆识成长规划　　　第十六，能力成长规划

成长规划要素

一、专业技能
第一，知识专业；第二，技能专业；第三，做事专业。

二、安全意识
第一，思维安全；第二，行为安全；第三，言语安全。

三、思想品格
第一，道德约束；第二，品格胸怀；第三，职业素养。

四、独立自信
第一，生活独立；第二，思想独立；第三，学习独立。

五、综合能力
第一，生存能力；第二，工作能力；第三，自愈能力。

个人成长需要培养的 20 种能力

个人成长的过程中，综合素质的提升尤为重要。在这个竞争激烈的时代，你必须全面提升自己的综合能力。个人成长必须正念、正行，一个人如不忠于自我的成长，得过且过，那他永远无法提升自己生命的能量。

第一，独立思考的能力　　　　第二，养活自己的能力

第三，解决问题的能力　　　　第四，写作文案的能力

第五，信息过滤的能力　　　　第六，资料整理的能力

第七，整合资源的能力　　　　第八，语言沟通的能力

第九，公众演说的能力　　　　第十，制订计划的能力

第十一，处理情感的能力　　　第十二，调控情绪的能力

第十三，应用软件的能力　　　第十四，驾驶汽车的能力

第十五，安全防御的能力　　　第十六，生活技能的能力

第十七，理财赚钱的能力　　　第十八，形象管理的能力

第十九，帮助他人的能力　　　第二十，追求幸福的能力

第六节　价值规划
—— 生命最大的能量是为社会贡献价值

　　生命的价值在于觉醒和思考的能力，而不是仅限于生存；生命的能量在于家族血脉的延续和对社会的贡献，不能把安逸和享乐当作生活的目的和价值本身。人无价值不尊，事无价值则无意义。一个人想要赚到更多的钱，就先要把自己变得值钱，如你不值钱，就赚不到理想中的财富！

　　不同的选择，决定不同的人生；不同的态度，体现不同的人生价值。面对种种选择，体验种种形态：勇敢或懦弱；伟大或渺小；高尚或卑劣；宽广或狭隘。从个人角度，人既是客体，又是主体。作为客体，是对社会尽义务做贡献，具有社会价值；作为主体，在改变社会自然的过程中，实现自身的价值。

人生价值

人为了生存而生活，生活需要自己的努力，需要用双手去创造。人的一生在不断追求和更新自己的目标，在不断探索和发现新的东西。人生有很多的梦想，当梦想不能成为现实，生活就有了太多的无奈。生活就像一首诗，人生就像一幅画；要想它是一幅五彩缤纷的画，就要用高维的生命、智慧及勤劳的双手去描绘。

人生一路收获着不同的喜怒哀乐，其实幸福的人生就在于快乐的经历，也许这就是人生的一种情怀。端正三观，知行合一，提高素养，创造价值；不迷茫、不放弃、不抱怨；平常心态，努力前行；感恩生活，感恩遇见；走出自我，走进精彩。这就是人生，这就是生命的价值所在。

高维的人善于提炼价值的真谛：发现价值、创造价值、放大价值，最后分享价值。如果说社会的产业经营是在买卖产品，资本的运营是在买卖企业，那么，一个人生命的过程就是在创造、分享与体验价值。

如果你热爱这个世界，就为世界创造价值，世界也会给你带来价值，这是个人价值的真谛。生命最好的形态是创造价值，因为生命价值的大小是它对社会所做出的贡献多少而决定。但不能把人生观和价值观仅仅当成哲学命题去探讨，因为人生价值必须建立在真实生活的责任感基础之上。

生命价值

人的生命既神奇又神圣，而且短暂。生命不会因为你是英雄豪杰或伟人，就对你特别宽容；生命也不会因为你是无名之辈，而对你特别苛刻。

生命对于每一个人都是一视同仁的，每个人都只有一次生命的权利。每个人对待生命态度的不同，所体现的社会价值也不同。

珍惜和善待生命的人，无形中会延长生命的长度，且能使生命散发出夺目的光彩。当一个人经历过灾难或死亡的考验时，便能体味到生命的可贵。因贪欲而糟蹋自己生命的人，是对生命没有敬畏，更不会懂得人生真正的意义和生命价值的真谛。

生命的价值在于使用生命，生命的意义在于活得充实。懂得敬畏生命的人，会更好地去追求高维的智慧和认知美德。懂得生命价值的人，从来不会浪费时间，更不会糟蹋生命；他们能够有尊严地活着，能够抵挡各种不良的欲望，不会用宝贵的生命去换取不义之物。

这种人活得充盈而智慧，生命绽放出璀璨的光彩。不仅自己受益，而且惠及他人，泽被社会，赢得人们的敬重，这便是生命真正的价值。

人生价值规划范畴

人生的追求不是金钱，不是名誉，不是权力，而是要明白生命的尊严和人生价值的真谛。人生的价值等于物质价值和精神价值。物质价值体现在你所持有的有形与无形的资产；精神价值是你对这个社会的贡献及影响力。

当物质价值和精神价值同位存在时，精神价值会优先呈现，所以懂得综合规划人生的价值是人生规划的重要程式。

第一，人生价值规划　　　　第二，生命价值规划

第三，社会价值规划　　　　第四，贡献价值规划

第五，核心价值规划　　　　第六，资源价值规划

第七，传承价值规划　　　　第八，技能价值规划

第九，思维价值规划　　　　第十，形象价值规划

第十一，精神价值规划　　　第十二，工作价值规划

第十三，使命价值规划　　　第十四，目标价值规划

第十五，需求价值规划　　　第十六，事业价值规划

如何提升一个人的高维价值

人类所有的努力都为价值。高阶思维创造高维价值。价值流向的最高境界是重塑人生形态，浓缩奋斗历程；形态呈现的最高价值是规范人的行为，重新定位。

价值的多维性是指每个主体的价值关系具有多样性，而同一客体相对于主体的不同需要会产生不同的价值。系统思维，便会发现财富通道；掌握先机，便会发现商业价值。

价值观是一个从高维空间到一维空间的映射。一个人，如不做好规划和持续提升自己的能量，那他就很难呈现价值。有价值的人一定让自己先值钱，才能轻松赚到钱。

如何提升一个人的高维价值呢？

一、塑造并找出自己的核心价值所在
二、有愿景及有清晰的人生目标规划
三、有安全且可持续收益的收盈模式
四、有独立健全且高品质的人格魅力
五、有帮助他人解决当下问题的能力
六、能调配和掌控真实有效可用的资源
七、能提供被他人使用和利用的价值
八、能发现并能创造可用的社会价值

价值思维

价值思维是指在现实社会关系和实践活动中，思维者依照主体自身的尺度，选择、对待和评价客体，使客体主体化从而产生价值的运思活动。在科学发展观中，价值思维是主体性思维，强调核心地位和社会本位，不同的思维方式决定不同的人生。

价值不等同于价格。价值是人对社会的贡献值，价格是商品在流通过程中以经济指数为核心的数学程式值。

价值思维必须依附于真理，而不只是推理中的思辨理论。价值思维不是抽象思维，不是概念思维，不是固化思维，是逻辑与形态思维，是根源与本位思维；是从单向认知走向全面反映论，即不再仅把主体与客体的关系看作单向的认知关系，而是根据客观实践的本来面貌，对认知本质和认知思维做出程式定论。

高价值思维分为：

第一，角色思维（定位）　　　第二，全局思维（整体）

第三，模型思维（系统）　　　第四，战略思维（架构）

第五，矩阵思维（排序）　　　第六，漏斗思维（选择）

第七，金融思维（破格）　　　第八，闭环思维（逻辑）

第九，圣哲思维（教化）　　　第十，链商思维（关系）

第十一，时间轴思维　　　　　第十二，程式化思维

第十三，决策树思维　　　　　第十四，信息化思维

第十五，预判力思维　　　　　第十六，体验式思维

第十七，数字化思维　　　　　第十八，非线性思维

第七节 定位规划
—— 战略改变格局，定位决定地位

一个人生定位精准的人，一旦确立使命，确定人生目标，付诸行动，世界都会给他让路，宇宙也会赋予其神奇力量。践行人生使命，实现价值目标，就是在实现自我的价值。

高度决定第一，角度构建唯一；战略改变格局，定位决定地位。一个人必须有精准的人生定位规划，才能清晰地设计自己的人生，才能实现伟大梦想，才能确立使命，才能制订规则，才能创造社会价值，助推社会文明。

关于人生定位

定位定方向，战略定格局。人生定位，就是让自己站在人生全局的高度，进行全面的自我分析，找出自己的天才领域及核心竞争力，给自己一个精确、科学、合理的定位，然后全力以赴，成就自己。

人生必须懂得如何给自己做精准的定位，没有定位就没有方向，没有方向就没有目标，没有目标就不可能成功。人生就像一艘行驶在茫茫大海的轮船，如果没有指南针，就会迷失方向。所以必须依照指南针所指示的方向航行，才能抵达我们想要停靠的港湾。

知人者智，自知者明，人有所长，也有所短。只有正确了解自己，认清自己的禀性和性情，能做什么，不能做什么，才能扬长避短，才能对自己的人生进行正确定位。正确的定位让人快乐幸福，错的定位只能收获悲惨的人生。

要想正确定位人生，就要分析自己的综合条件，如出生背景、学习背景、朋友关系、资源匹配、技术技能、专业知识、人生阅历、经济基础、生活环境、特长天赋等。

人生如何做定位

要做好人生的定位规划，必须先清楚地认知并分析自己，结合自身的真实情况，找出优缺点，方能做好精准的人生定位。

首先是高度：我们要有什么样的人生？成为什么样的人？其次是宽度：我们要过什么样的生活？和什么样的人过？再次是广度：我们要做什么样的事业？投身于什么行业？最后是厚度：我们能提供怎样的价值？核心竞争力是什么？

与自己深度力对话：

第一：我是谁？

我在哪里？要到哪里去？怎么去？和谁去？为何去？

第二：我有什么？

我能提供什么？我能呈现什么？我能兑现什么？

第三：我要什么？

为何要？怎么要？在哪里？掌握在谁的手里？

我拿什么交换？用什么方案交换？怎样交换？

第四：我做什么？

什么行业？什么产业？什么职业？我能否做？

什么地方？投入什么？风险指数？如何防御？

如何进入？时间周期？什么模式？准入条件？

人生定位规划范畴

　　人生定位的基本方法，不是去创造某种新的事物，而是去操控心智中的认知，去重组、链接已存在的关联认知。定位的本质是把认知当成现实来接受，然后重构这些认知，并在本位心智中建立起重要的基点。

　　第一，人生定位规划　　　　第二，价值定位规划
　　第三，家庭定位规划　　　　第四，事业定位规划
　　第五，行业定位规划　　　　第六，职业定位规划
　　第七，居境定位规划　　　　第八，技能定位规划
　　第九，目标定位规划　　　　第十，角色定位规划
　　第十一，圈子定位规划　　　第十二，关系定位规划
　　第十三，使命定位规划　　　第十四，学习定位规划
　　第十五，形态定位规划　　　第十六，思想定位规划

七十二行业

根据自己的专业特长及资源配置状态，综合自己的多元优势，选定自己感兴趣、能把控及熟悉的行业。

01. 金融业	02. 地产业	03. 农林业	04. 互联网
05. 文产业	06. 教育业	07. 健康业	08. 能源业
09. 环保业	10. 酒店业	11. 传媒业	12. 综合美业
13. 影视业	14. 畜牧业	15. 餐饮业	16. 服饰鞋帽
17. 珠宝业	18. 家具业	19. 汽车业	20. 体育业
21. 电子业	22. 休闲养生	23. 信产业	24. 家居业
25. 咨询业	26. 钟表业	27. 律师业	28. 包装业
29. 贸易业	30. 人才业	31. 酒水茶	32. 化工业
33. 旅游业	34. 食品业	35. 航空业	36. 财税业
37. 消防业	38. 家政业	39. 园艺业	40. 印刷业
41. 通信业	42. 物流业	43. 玩具业	44. 建材业
45. 箱包业	46. 宗教业	47. 陶瓷业	48. 书刊业
49. 装饰业	50. 软件业	51. 厨具业	52. 母婴业
53. 拍卖业	54. 高新科技	55. 专利业	56. 婚庆业
57. 租赁业	58. 摄影业	59. 展会业	60. 皮革业
61. 礼品业	62. 设计业	63. 收藏业	64. 艺术品业
65. 模型业	66. 计算机业	67. 运输业	68. 化妆品业
69. 新零售	70. 建筑业	71. 终极业	72. 造纸业

人生定位的重要性

　　每个人从出生就开始自己的人生，且都是独一无二的生命主体。一个人如果有精准的人生定位，清晰的人生目标，明确的人生使命，那么人生自然就会大不同，至少会少走很多的弯路。

　　很多人都缺乏正确的人生指导，只知道学习，也很努力，却忽视了一个非常重要的东西，就是定位。

　　我们可以静下来思考并总结自己近十年来的人生：

　　我们收获了什么？我们成就了什么？我们失去了什么？我们学会了什么？我们坚持过什么？我们犯过什么错？我们后悔过什么？我们认识了哪些人？我们失去了哪些人？我们有何提升？我们做过哪些事？我们总结了什么？我们遇到过什么机遇？我们失去过什么机会？我们现在过得怎么样？现在经济怎么样？家庭怎么样？婚姻怎么样？工作怎么样？事业怎么样？健康怎么样？能力怎么样？

　　一个人，一辈子，一件事。人生必须做好定位，不可目标太多，不可定位太乱。不能在不懂的领域里浪费时间，专心地做好自己该做的，做自己擅长的，做自己专业的，专心去做，这样才能做到极致，极致就能让你的专业完美发挥。

　　做专，做精，做透。一定要把事做到专业领域的最高，做得更加精湛，做得更加透彻。一个人要想成功，就必须给自己一个清晰明确的定位。每个人都需要人生定位，需要分析自己，了解自己，看看到底什么适合自己。

第八节　目标规划
—— 一个没有目标的人总是在为他人实现目标

一个没有目标的人，总是在为有目标的人实现目标；一个没有人生规划的人，总是被有规划的人所规划；一个没有梦想的人，总是在为有梦想的人实现梦想。

没有人生目标和独立的思维模式，就总是会陷入他人的规则中。没有目标，就没有方向；没有方向，就不知去向。目标能使人清楚人生使命，产生源动力；目标能让人产生信心、勇气、胆量，提升人的素养，体现生存的意义和价值，使人不断自我完善，成为一个成功的人。

关于人生目标

人生规划中最重要的一点就是要有个远大、精准的目标，并借助一切才能与坚毅去达成；生命的意义，不仅在于实现人生目标，还在于借助目标不断提升自己的素养。

目标坚定是一个人性格中必要的力量源泉之一，也是成功的利器之一。没有它，天才也会停留在矛盾的迷途中，徒劳无功，目标和梦想是成长的核心成分。勤奋学习和努力工作是成长的必由之路，征服目标的勇气和愉悦的心情则是成长的营养剂。

目标是一个人前进的指航灯，是人生的方向盘，失去它，人生就成了一只没了翅膀的小鸟。生活并不局限于一个人为追求自己的实际目标而进行的日常行动，也显示我们融入宇宙的一种韵律，这种韵律可以形形色色的方式来证明其自身的存在。

但我们尽量不要将他人追逐的理想变成自己的目标。因为你有你的路，你有你的特质，你有你需要做的事。记住，不要只盯别人的美好，要用心经营自己的幸福。有目标的人，活得更有意义，生活更有乐趣，人生更有价值。

一个人，有目标才有定位，有定位方可立位，有立位才有地位，有地位彰显价值，有价值方显格局。

目标规划的重要性

目标，可以使人产生积极的心态，使我们看清楚自己的使命，产生源动力，让我们感悟到人生存在的意义和价值。我们的重心从过程转到想要的结果。

目标，有助于我们分清事情的轻重缓急，可以使我们集中精力，掌控时间，把握现在；可以让我们提高工作激情，有助于评估事情的进展。还能让我们产生信心、勇气和胆量，不断完善，永不停步，成为一个成功的人。

为何不做目标规划？

一、因为不知目标的重要性；

二、不懂如何设定人生目标；

三、不知达成目标的具体方法；

四、不知目标的意义和真实价值；

五、害怕达不成目标，害怕实现不了，害怕会失败，害怕别人耻笑，害怕付出没有回报。

人生目标规划范畴

人生一旦有了目标，就会变得非常有意义，所有的一切似乎都会清晰、明朗地呈现在眼前。比如，什么是应当去做的，什么是不应当去做的，为什么而做，又为谁而做，所有的要素都异常明显而清晰。如此，生活便会增添更多的活力与激情，我们的潜能也能得到进一步挖掘，为实现高质量的高维人生打下坚实的基石。

第一，人生目标规划　　　　第二，事业目标规划

第三，财富目标规划　　　　第四，家庭目标规划

第五，阶段目标规划　　　　第六，工作目标规划

第七，健康目标规划　　　　第八，关系目标规划

第九，物质目标规划　　　　第十，学习目标规划

第十一，视野目标规划　　　第十二，释压目标规划

第十三，价值目标规划　　　第十四，婚姻目标规划

第十五，形象目标规划　　　第十六，技能目标规划

怎样设定目标

一、设定目标框架：先设人生的终极目标，再设阶段性目标（长期、中期、短期、近期），目标计划尽量能细化到年月日；

二、目标的关系链：必须安全、健康，对社会、对家庭、对朋友有益，符合正常生活、工作关系，有助于自己提升财富水平；

三、目标逻辑关系：设计要从上到下，完成从下到上（科学、安全、标准、精确、易操、可行）；

四、设计几个重点：必须是可见的，必须是明确的，必须是数据化的，必须有时限性，必须是可控的；

五、目标五项原则：具体的、量化的、时限的、安全的、视觉化；

六、设定目标要有稽核、导师、日志、条件、关系、价值；

七、必须明确价值、核心、框架、定位、方向、模型、平台、杠杆、支点；

八、考虑综合因素：竞争、风险、措施、团队、渠道、技术、资金、市场、政策、背景、环境、交通等；

九、必须思维清晰：进行优劣势分析、措施与计划方案、评估与检查手段、激励或处罚机制。

有规划和无规划的人生差异

美国某知名大学在 1979—2004 年经过调研，有一组非常惊人的调查数据；对应届毕业生及上万名社会人士进行长达 25 年的跟踪调查，结果让人非常震惊。

开始跟踪调查时：

27% 的人，对人生完全没有目标，没有规划，没有概念；

60% 的人，对人生目标模糊不清，定位不准，没什么规划；

10% 的人，对人生有清晰的定位，有短期的目标规划；

3% 的人，对人生有精准的定位，有长远且科学的目标规划。

25 年后跟踪调查结果：

27% 的人，生活在社会的底层，过得很不如意；

60% 的人，生活在社会的中下层，生活平平淡淡；

10% 的人，成为社会中上层人士，是某些领域的专家；

3% 的人，成为社会的上层人士，业界精英，政界领袖。

可见，给自己建立正确的人生观及正确的目标，做好人生规划，对人的一生有多么的重要。

第九节　事业规划
—— 人生，只有干出来的精彩，没有等待出来的辉煌

一个人，如若从未入迷于重大的事业，那就失去了人生有可能会达到登峰造极的机会。因为，只有真正地入迷于钟情的事业，才能自我突破，才能自省；只有自省，才能将潜藏于自身而休眠的力量激活，才能让潜力爆发！

人生的事业只有干出来的精彩，没有等待出来的辉煌。有事业的人在奔跑，没事业的人在流浪；有事业的人懂得感恩，没事业的人总是抱怨；有事业的人睡不着，没事业的人睡不醒；给人生一个梦，给你的梦一条路，给路一个方向。

任何人的生命都只有干出来的精彩，没有等待出来的辉煌！

关于人生事业

所谓事业，是一个人所从事的具有一定目标、规模和系统，对社会发展有影响的经常性活动；有时事业也可以指个人的成就，并不是所有的人都乐意去努力或者都能实现。

人生事业，其实是个很高层次的概念，可以是一个人一辈子为之奋斗坚持不懈地努力，是解决人类最高层次需求的活动。

一个人自我价值的实现，需要他人的认可。不管路途怎么艰辛和遥远，不管压力多大，只要他喜欢，就会去做。所以，事业不等同于职业，是一项很特殊的工作，是自己确定的人生理想，并不惜一切个人资源和努力为之奋斗的选择。

对于事业，开始可能只是想做点事。简单说，我们称为"尝试创业"，然后开始实践；慢慢则变成了一种工作、一种责任，再后来变成了一种使命。《易经》有云，举而措之天下之民，谓之事业。简单地说，就是做了自己喜欢的事情，却又帮助了他人，这就是人生事业。

一个人，要想真正做好一番伟业，首先要有一颗强劲的事业心和强烈的企图心，且必须找出在这种事业的支配下所产生的原动力。

如何做事业规划

小说《官策》中曰：生如蝼蚁，当立鸿鹄之志；命薄如纸，应有不屈之心。大丈夫生于天地间，岂能郁郁久居人下；乾坤未定，你我皆是黑马。

意思是：每个人都有不屈服于命运的雄心，更应该建立起远大的志向。你的人生信念，就是你事业的灵魂。

所以事业的规划，必须有一套"科学、全面、标准、可行"的运营及执行体系。

该如何规范地做事业的规划？

第一，客观、科学地分析自身所具备的基础及条件；

第二，分析并总结内心的真正需求是什么？

第三，分析并一一列出所能掌控的核心资源有哪些？

第四，找出现在能提供的核心价值有哪些？

第五，我们的背景、资源、关系、经济、团队、技术等状况；

第六，所规划的事业与当下经济的发展状况关系如何？

第七，所规划的事业与当下国家的政策趋向及关联如何？

第八，当下各行业的发展动态怎样，并得出数据；

第九，所规划的事业与当下市场经济的指数如何？

第十，对所规划的事业如何做好安全防御？

人生事业规划范畴

完整的人生组成部分为：家庭、事业、朋友、责任和使命。

家庭（父母、孩子、兄弟姐妹）；事业（工作、愿景、财富）；朋友（同学、同事、亲戚、客户）；责任和使命（修为、价值）。

事业，是人生旅途最为漫长的一段，所以对"事业"这段的精细规划尤为重要。

第一，人生规划　　　　第二，家庭规划

第三，健康规划　　　　第四，文修规划

第五，工作规划　　　　第六，公益规划

第七，情感规划　　　　第八，财富规划

第九，成长规划　　　　第十，学习规划

第十一，安全规划　　　第十二，孝道规划

第十三，育子规划　　　第十四，传承规划

第十五，形态规划　　　第十六，休闲规划

做人生规划的注意事项

事业，是一个人所从事的具有一定目标、规模和系统，对社会发展有影响的经常性活动。有时事业也可以指个人的成就，并不是所有的人都乐意去努力或者所有的人都能实现。

一、必须明确自身的价值观趋向

二、必须确定人生的终极使命及目标定位

三、必须找出自身的核心优势

四、必须选定自己熟悉的行业

五、必须做全面的调研、分析与论证

六、做专业的顶层架构及经济模型

七、做利国利民利社会的游戏规则

八、找对行业圈层顶级的人脉资源

九、找对行业内领袖级的指导导师

十、找对人才渠道技术支撑点

人生事业的三个阶段

人生最大的意义就是，让自己活明白的同时，如何让更多人活明白。该如何经营自己的人生，又该如何经营自己的事业？

要想真正干出一番事业，首要的是要有一颗强烈的事业心，以及在这个事业的支配下所产生的动力。微笑与思想是上帝赐给人类最贵重的礼物，一定要成为你人生事业最大的资产。

第一阶段：化知识为技能，把技能转化为一种生存的能力，让能力成为一种本能，成为一种习惯。

只有将知识与技能结合，并加以实践总结，才能称为创新能力，人生事业的第一要素就是要不断提升并加强自己的综合能力。

第二阶段：借助工具的力量，并能熟练地使用工具。因为工具能弥补人在某些方面的不足，可以借助工具来增强自己的能力；学会使用工具，才会事半功倍；借助工具的力量，让自己变得更强大。

第三阶段：选对行业，打造平台，建立自己的核心团队，并制定游戏规则。

做好顶层架构，设计好商业模型，描绘愿景蓝图，定位实施地方，计划行动时间，联络团队，一切依计而行。

人生伟业的建立，不在能知，而在能行，真正做到知行合一。倾财足以聚人，量宽足以得人，身先足以率人，律己足以服人，得人心者得天下！

第十节　技能规划

—— 积财万千，不如薄技在身；有一技之长，便能编制自身的藤萝

　　古人云：积财千千万，不如薄技在身；有一技之长，便能编制出自身的藤萝，延展穿越人生的每个角落，给人生一路布荫，给生活增添美色。以故事去丰富人生，用精湛技能去改变生活。做自己人生成功的教练，锤炼在社会中属于自己最佳的生存法则。

　　一个人，如果下决心要成为什么样的人，或要做成什么事，那么驱动力很关键。要达成目标，就必须掌握相应的技能、技术。当找到最佳方法时，一切力量都会映像而现；当力量聚集到达时，想要的结果都会如期而至。

关于人生技能

人生是一泓清泉，只有挑战自我的人才能品味其中的甘洌；人生是一部史书，只有挑战自我的人才能体味其中的浩荡；人生就像一首优美的歌曲，只有挑战自我的人才能谱写出优美的旋律。人生太短，不要让自己明白得太晚。人生必备的四大技能，每个人都需要掌握。

第一，理财技能

学会储蓄，学会生活预算，学会查看账单，学会安全支付，学会安全投资，学会风险管理，学会勤俭节约，学会信用管理，学会成本核算，学会慈善布施。

第二，思维能力

顶层思维能力，安全思维能力，价值思维能力，系统思维能力，模型思维能力，战略思维能力，线性思维能力，全局思维能力，细节思维能力，前沿思维能力。

第三，综合能力

积极思考能力，自我激励能力，战胜拖延能力，学会独立能力，换位思考能力，倾听沟通能力，演讲谈判能力，资源融合能力，价值交换能力，组织传导能力。

第四，生活技能

学会安全驾驶，学会生活治理，学会个性穿戴，学会制订计划，学会处理关系，学会健康管理，学会照顾他人。

人生必会的二十项技能

一、学会生存：社会在不断地变化，能适应生存空间；

二、学会认真：认真对待他人他事，需踏实认真巧干；

三、学会倾听：倾听他人意见建议，取其中宝贵经验；

四、学会理解：万事对照自己分析，理解他人之不易；

五、学会忍耐：凡事具有根源因果，面对结果须释然；

六、学会包容：人都有过失与不足，换位而理易解难；

七、学会观察：人间世态无奇不有，眼观耳闻心明辨；

八、学会说不：为人处世能力有限，千万别强己所难；

九、学会慎重：综合思量事物本质，全面分析能否干；

十、学会付出：真心付出勿思回报，宇宙规律美能见；

十一、学会珍惜：人的生命不过百年，要自觉珍惜眼前；

十二、学会放弃：世间万物皆有归属，规律里万事随缘；

十三、学会反思：静坐静心常思己过，内求而向追真理；

十四、学会解脱：走出思维所受局限，放下执念即超凡；

十五、学会感恩：感恩之人心境豁达，知恩者好运连连；

十六、学会沟通：交流思想破之障碍，沟通思想筑共谋；

十七、学会赞扬：心中有爱口吐莲花，听者坐莲见如来；

十八、学会微笑：相由心生境随心转，脸若悦色遇金莲；

十九、学会欣赏：心若情愿满心欢喜，美景美色在眼边；

二十、学会知足：高低贵贱人性而识，知己之位乃高人。

人生技能规划范畴

塑造自我的前提，是对自我有清醒的认识。知道什么是自己的优势，什么是不足。这样我们在日常生活中，才能更加游刃有余。那么你最该学习的技能是什么呢？我们要认真地思考。

掌握技术技能，必须研究自身与社会的需求，根据自己的优势、潜力、条件等综合因素，把技能要学精湛、要科学、要标准、要实用。

第一，生存技能规划　　　　第二，生活技能规划

第三，语言技能规划　　　　第四，装容技能规划

第五，工作技能规划　　　　第六，职业技能规划

第七，写作技能规划　　　　第八，餐厨技能规划

第九，文娱技能规划　　　　第十，信管技能规划

第十一，健康技能规划　　　第十二，安全技能规划

第十三，社交技能规划　　　第十四，文修技能规划

第十五，经管技能规划　　　第十六，理财技能规划

人生技能规划注意事项

人生事业是一个人所从事的，具有一定目标、规模和系统的，对社会发展有影响的经常性活动；有时事业也可以指个人的成就。不过，并不是所有的人都乐意去努力或都能实现自己的人生事业。

一、能适应当今社会的发展及需要

二、符合当今时代形态发展的需求

三、以自身未来发展条件为基础

四、能够提升自身的综合素质及修养

五、能够健全自身的品性及人格

六、能给自己带来稳定可持续的收益

七、能够被社会更多的人利用或需要

八、能够真正帮助到或协助到他人

九、能够更好地成就他人和自己

十、能够更好地提升素养和完善自己

生活中的小技能

一个高素质的人，通常都掌握着很多生活小技能。这些技能可以让他们变得更加完美，甚至更具人格魅力。

第一，会做几道招牌菜　　　　第二，掌握酒的基本常识

第三，会一些基本茶艺　　　　第四，了解餐桌基本礼仪

第五，懂得服饰基本搭配　　　第六，会衣橱空间整理

第七，了解健康基本常识　　　第八，会生活基本护理

第九，了解社交交谊舞技　　　第十，熟知几首歌曲故事

第十一，了解聚会桌上祝酒　　第十二，能够抒写几首诗词

第十三，熟悉一些历史故事　　第十四，了解一些地理常识

第十五，能够甄别他人言语　　第十六，能够与他人辩论

第十七，懂得生活人情世故　　第十八，倾听古人谆谆教诲

第十九，懂得高雅骑马技能　　第二十，能够演唱经典歌曲

第二十一，会调制鸡尾酒艺　　第二十二，掌握几招暴力拳击

第二十三，会桥牌麻将扑克　　第二十四，了解农业农植耕种

第二十五，会跟心仪对象约会　第二十六，了解宴会穿戴礼仪

第二十七，知道雨天驾驶技能　第二十八，能够更换爆胎轮胎

第二十九，会熨烫丝料衣服　　第三十，规范宴会言行举止

第三十一，掌握拍摄经典技艺　第三十二，会解生活笑料话题

第三十三，懂得漏水龙头的修理　第三十四，会与人沟通的技巧

第三十五，能够掌控自己的时间　第三十六，能够控制自己的脾气

第十一节　人脉规划

—— 关系就是软实力，强大的人脉关系，是一个人成功的前提

　　人生最大的财富，就是可靠的人脉关系，因为它能为你开启所需能量的每一扇大门。只有真正的强关系，相互着力、相互借力，才能发挥出最大的能量，才能有效使用，才能让你不断成长，才能不断地向社会提供有用价值。

　　中国是一个讲究人际关系的社会，俗语"熟人好办事，熟人好成事"告诉我们：人脉就是一张鲜活的网，网格越宽，资源越广，财富就越广。人脉就是财脉，关系就是实力，朋友就是生产力！所以，拥有上层人脉资源及强大人脉关系，是一个人成功的前提。

关于人脉

人脉的本质是价值关系，只要你有资源、有智慧、有能力、有地位、有一定的财力物力，就能具备不可替代的利用价值。如此，就能在特定的情况下帮到他人，或让他人有求于你的资源与价值。

人脉，不是你认识多少人，而是多少人认识你、知道你；不是你有多少事需求别人，而是他人有多少事需求于你。如果你没有任何价值资源或利用价值，即使再会搞关系，也毫无用处。有利用价值不是坏事，反而能证明你有超常人的"智慧、能力、渠道、关系、资源、资本"等，或其中之一。

一个人为何没人理睬，因为他已经失去了被利用的价值。人脉不是你在一穷二白时，可为你提供生活成本的工具，而是在你有能力的前提下，你能集群聚焦的一呼百应。

人脉，其实就是信息宽带。俗话说，有多少人脉，就能做多大的事业。商业人脉决定产业的宽度，政界人脉决定商业的高度。

如果几个商人或企业，彼此的产品在质量上没有太大区别，人脉就能决定生意的大小与成败。信息带宽越大，信息传输得越快、越准确，而人脉越多，生意也会做得越大。

同理，职场人脉等同于能力 WLAN。人脉越广，自身就越有价值。个人的能力等于自身水平加人脉资源，人脉越多，能力才能被放大越多。所以，只有提升了自身能力，主动结识牛人，拓展人脉，也才有真实意义。反之，没有能力时，认识谁都没用，也没有任何价值。

如何增加人脉

成功人士，都善于积累知识和有效的人脉，并注重人脉的质和量。想让自己变得优秀，就要和优秀的人在一起；想要卓越，就要和卓越的人在一起，你才会出类拔萃。

如果你不够优秀，人脉就是不值钱的，因为它不是追求来的，而是你吸引来的；只有等价的交换，才能得到合理的帮助。人脉不在别人的身上，而藏在自己身上。唯有让自己变得强大而更有价值，才能获得真正有用的人脉。

如何增加人脉？

一、正确定位自己，找出自己的天才领域，打造擅长领域的专业，把自己变成被人需要的人。

二、学会沟通，学会赞美，学会倾听，学会付出，学会时间管理，学会自我管理，学会写作，学会服务，学会帮助他人，学会自我形象管理，学会使用工具，学会识别信息。

三、多参与社团及商会组织，参与高端私董会，参加高级商务活动，参与高端论坛学习，走出自我封闭的圈子。

四、多去外面走走，到各地旅游，打开眼界，提高境界，升级思想，提高认知，增长智慧与人文常识。

五、积极主动，微笑待人，信守承诺，言行一致，帮助他人，不卑不亢，理解他人。

六、学会应用互联网媒体，打造属于自己的 IP 网络世界。

人脉关系规划范畴

专业是大刀，人脉是利剑，在当今多变的社会局势中，光靠自身的专业职能还远远不够，唯有具备利他思维及运用互助互惠的方式去经营人脉，才能基业常青。忽视了未来人脉运行的设计与规划，多年后你可能就会发现自己还是在原地踏步。

你想未来要成为什么样的人，就要从现在开始规划布局，开拓未来所需要的人脉，一步步达成自己的目标。

不为几年后的人脉制定目标，盲目地拓展关系，只会为自己带来更多的繁忙与麻烦。尽早规划自己的人脉网络，几年后，将会发现身边到处都是可助己的专业人士，只要一个电话或一条信息，就能解决你的烦恼或棘手问题。

第一，安全人脉规划　　　　第二，高端人脉规划

第三，资源人脉规划　　　　第四，健康人脉规划

第五，商界人脉规划　　　　第六，政界人脉规划

第七，律法人脉规划　　　　第八，特职人脉规划

第九，银行人脉规划　　　　第十，协会人脉规划

第十一，技术人脉规划　　　第十二，职场人脉规划

第十三，文豪人脉规划　　　第十四，投行人脉规划

第十五，金融人脉规划　　　第十六，网络人脉规划

如何让自己进入高端人脉圈层

　　人际关系的本质就是圈层文化。如今，圈层文化已经成为中国文化的重要组成部分，越是有影响力的圈子，人们往往越渴望进入。可是，要想成功地进入这类具备高级人脉资源的社交圈，并非易事。

　　众所周知，人脉即财脉，不管在中国，还是在国外，道理都一样。能够接触到高端人脉，对于个人能力的提高以及事业的发展，都能带来很大的帮助。不过，如要进入高端人脉圈，还需具备一定的基础与条件，尤其是要想进入高端人脉圈，更要知道一些黄金法则。

　　一、拥有高维的思想及人生价值观

　　二、能呈现高层人脉圈所需的价值

　　三、拥有超常人的勇气与自信

　　四、时刻注意细节和察言观色

　　五、谦逊有礼规范自己的言行举止

　　六、真正尊重和赞赏对方

　　七、提升自己格局和综合修养

　　八、懂得倾听分析和包容他人缺陷

　　九、懂得真诚付出或为成功者工作

　　十、努力让自己独具个性品牌价值

高端人脉规划，须注意的十大事项

人脉是成功以后的结果，而不是你通往成功的途径。结识高端人脉不是问题，问题是你能否把自己留置在其真正的高端人脉圈。而要想留置在高端人脉圈，首先要思考的问题是："我能为高端人脉提供什么样的服务与价值？"

任何人脉续存的前提都是，你能提供什么可用资源或有效的价值，不是直接价值，便是间接价值。所以，人脉也讲门当户对。

其次要考虑的问题是：高端人脉能否为我所用？

如果你不能提供自己的价值，即便认识再多所谓的高端人士，也是空谈。所以，结识高端人脉并能为你所用的重要前提是，你必须足够强大。规划高端人脉所需注意的十大事项：

一、自己必须成为价值资源体

二、找准生产真正贵人的圈子

三、提供高端人士所需价值

四、服务可以让你借力的高人

五、靠近可以把握你命运的人

六、找出自己独一无二的利器

七、设计并形成你的个人品牌

八、做到言行一致与诚实守信

九、定期不定期组织参与聚会

十、分析目标任务的性格习惯

第十二节 关系规划

—— 不要高估你和他人的关系，也不要低估身边任何人的能量

　　一个人所处人际关系的好坏，直接影响着他的生活状态，也会影响他人生的幸福指数。因为生活中的所有关系，都跟自己有关；外界评价，他人对你的认同感，则是你内在关系的投射。跟自己内在相处不好，呈现的外在就不会太和谐。

　　不要高估你和任何人的关系，也不要去低估你身边任何人的能量，最冷的是人心，最伤的是无情；孤独需自己去承受，痛苦也需自己去担当，幸福更要自己去追赶。

　　人生冷暖本常态，人世相遇皆因缘，即使相遇于一茶、一饭、一面之缘，只要有心，便是晴天。

关于关系

生命就是自我关系，任何人都不可能脱离关系而独立存在。

内在成长的路只有两条：一条是内修与静心；另一条就是通过关系，在关系中成长和蜕变，成为真正的自己。在我们的生命中，关系分不同的层面，每个层面都相互影响与相互作用。

我们与自己的关系，其实就是如何与自己相处。所谓觉醒，就是让自己的认知维度升级；和他人相处，就是让他人觉得舒服，感到自在，喜欢和你在一起。

当我们能够接受自己一切如是的样子，与自己成为朋友，爱自己，接纳自己，懂得自己，尊重自己，不在别人面前有任何的掩饰时，我们就醒过来了。每个生命的唯一目的是成为真正的自己，爱家人、爱他人、爱社会、爱国家、爱自己。除此之外，没有别的目的。

当今社会，关系为什么极为重要？因为关系是人在社会中的基本需求；关系是了解自我能力的关键因素；关系是人在社会实践中的自我肯定；关系是自我检测心理健康的标尺；关系是你事业边界的去中心化的验证码。

正确理解人际关系

关系，是指人与人之间，人与事物之间，事物与事物之间的相互联系，可分为正式关系和非正式关系。

人际关系对人生的影响是潜移默化的，时间久了，会把建立和维持人际关系的原则化为自己的价值体系。用这个体系来调节或支配自己的行为，从而提高个体的素质。

人际关系是人与人之间在活动过程中直接的心理上的关系或距离。在社会中，个体不是单体孤立的，其存在是各种关系发生作用的结果，都是通过和别人发生的作用而发展自己，继而实现自身的价值。

多数人际关系都是以利益为中心，朋友则是以价值观为核心的。行走在人生旅途中，会有很多人会从我们身边路过，不用请太多人进入你的生命。同道的人可以做朋友，同利的人只适合做事友。

人的出生是公平的，都由新生的生命开始。人生的起跑线却是不公平的，由我们的出身背景、家庭环境、家族关系等综合条件所决定。当你无法继续提供利益或证明价值时，关系便会变得生疏，贵人就会成为路人，朋友也会变得陌生。

想要拥有良好的人际关系，就需要对自己的人际关系进行分类管理，正确解析我们的人际关系，打造巅峰人生。掌握正确的处事技巧，积累更多的资源，学会为人处世的原则和感情管理，是进入高端人际关系管理的关键法则。

人际关系规划范畴

从本质上来说，人际关系从属于社会关系，是我们在社会实践中与他人产生的交往关系。其目标是建立幸福人生、和谐组织、安定社会。

要想建立良好的人际关系，须从个人品德修养做起，推己及人，扩充于社会之中。人和环境相互互动，因环境而改变，也因环境而转轴，因此人际关系的状况会受环境影响。

人际关系需按社会"法律、礼节、道德"等规则进行。不同的关系角色具备不同的生态功能，在环境中我们应先认定自己的角色，再设定互联的关系。人际关系的规划范畴如下：

第一，家庭关系规划　　　　第二，夫妻关系规划

第三，父母关系规划　　　　第四，兄妹关系规划

第五，子女关系规划　　　　第六，朋友关系规划

第七，亲戚关系规划　　　　第八，情人关系规划

第九，乡邻关系规划　　　　第十，家族关系规划

第十一，同事关系规划　　　第十二，同学关系规划

第十三，领导关系规划　　　第十四，下属关系规划

第十五，合作关系规划　　　第十六，内在关系规划

如何建立良好的人际关系

良好的沟通是人际关系中最重要的组成部分，是人与人之间传递"情感、态度、事实、信念和想法"的过程。是一种双向互动沟通的过程，而不是一个人唱独角戏，需要用心去倾听对方在诉说什么、了解对方在想什么、对方有什么感受，并把自己的想法回馈给对方。

在沟通过程中，很可能会因沟通者本身的特质或沟通方式而造成曲解，因此传送者与接收者之间必须借助不断的回馈去澄清双方接收及了解到的信息是否一致。

要建立良好的人际关系，需深度地认知自我和接纳他人，保持诚恳的态度，谦卑待人，适度自我表达，尊重别人并欣赏自己，寻求共同的价值观，祛除障碍，服务客体，遵守人法规则。

如何维系良好的人际关系，并和谐相处？

人际关系的外在表现是伦理，而伦理是人与人之间合理的分际与职分。《论语·颜渊篇》中说，齐景公问政于孔子。孔子对曰："君君臣臣，父父子子。"意思就是君臣父子要各守分际，各尽职分。人际关系便是以此为基础，让每个组成分子均能按其角色、职责、位子而有适当之思想、言语、行为等模式及价值观，而达良好之气氛，进而提高相互助力效能，增进与他人沟通的能力，这也是维系良好人际关系的首要条件。

人生关系规划须注意事项

建立良好的人际关系离不开互助互利，主要表现为人际关系的相互依存，通过对"物质、能量、精神、感情"等多方进行价值交换而使各自的需要得到满足。

做好人生关系规划，需要注意的十大事项：

第一，我能呈现的价值在哪里？　第二，他能体现的价值在哪里？

第三，我们共同的价值在哪里？　第四，为何要和他人建立关系？

第五，应和他建立怎样的关系？　第六，我要什么样的人际关系？

第七，关系的种类花多少时间？　第八，关系的对象及真伪情况？

第九，关系者人品及信誉情况？　第十，关系对象现有真实状况？

如何建立"安全、和谐"的人际关系？

一、关系规划的核心是和谐平衡

二、关系规划的目的是价值交换

三、赢得关系的诀窍是大气慷慨

四、稳固关系的法则是诚实守信

五、维系关系的方法是明心见性

六、搞好关系的方法是奉献包容

七、建立关系的准则是放心安全

八、拓展关系的法则是品牌价值

九、设计关系的法则是知晓人性

第十三节 时间规划
—— 一个会管理时间的人，就能驾驭幸福的人生

一个懂得时间管理与规划的人，一定是自律的人；自律的人一定是遵守时间的人，一定是可靠的人；珍惜时间的人，一定是受人尊重的人。只要能管理好时间，就能管理好自己，就能管理好人生，就懂得享受生活，更能做完美的自己。

同一时间，或值千文，或一文不值。做好时间规划，并不是让你把所有的时间都包括进去，而是让其发挥最大的价值；规划好时间，为的是能更好地行动，在有效时间做正确的事情。时间是最完美的作者，能给"每个人、每件事"写出终极因由，道出真实结果。

关于时间

　　生命长度是以时间为单位计量的，浪费他人的时间等于谋财害命；浪费自己的时间，等于慢性自杀。时间不是自然界直观的事物，而是一个抽象的概念，这个概念在很多的时候显得较为模糊，既没有明确的定义，也没有准确而又清晰的解释。

　　我们之所以能具备时间的理念，主要是由于人们对于周围事物变化的感知。宇宙处于绝对的运动和相对的静止，生活中我们对周围事物的变化尤为敏感。比如，春去秋来。植物开花发芽，在时间概念里是春天；果实成熟、气温逐渐降低，在时间概念里就是秋天。时间的计量方式，主要有年、月、日等，这种计量方式来源于对有规律变化的事物的认识。

　　爱因斯坦在《相对论》中说，任何有质量的事物，都不能达到光速。也就是说，存在于我们认知的世界观及领域，时光不会倒流。生命的价值不在于时间的长短，而在于你如何应用它。时间是人类自计量的概念，对于时间的计量也只能通过规律的变化来体现。时间是虚无的，但又无时无刻不存在。时间是个常数，但也是个变数：勤奋的人无穷多，懒惰的人无穷少。

　　世界上最快而又最慢，最长而又最短，最平凡而又最珍贵，最易被忽视而又最令人后悔的就是时间。人的生命是短暂的，空余的时间很少，我们不应把空余时间耗费在毫无意义或价值不大的人或事上。因为，老天绝不会只赋予你使命，而是给你时间去感知、去领悟、去分享、去完成。

时间管理方法

　　时间管理的方法，就是用技巧、技术和工具帮助我们完成工作，创造价值，实现目标，并不是要把所有事情都做完，而是更有效地运用好时间。

　　在我们的一生中，共有两个天赋的财富，即你的才华和你的时间。随着年龄的增长，我们的才华越来越多，时间却会越来越少，我们的一生甚至可以说就是用时间来换取才华。如果一天天过去，我们的时间少了，而才华没有增加，便是虚度了时光。所以，我们必须节省时间，有效使用时间，有效创造时间。

　　日常行为之所以能成为生活习惯，是因为很多人都不懂自省。要在自己最佳的年龄，管理好自己，科学倍增时间，有效复制时间，有效使用好时间，创造人生奇迹。

　　生活无法尽善尽美，需要我们用时间去争取、去奋斗。我们所看到的不一定是全域的世界。事实上，我们只接受了自己喜欢的东西，习惯待在安逸的舒适区。我们对待人生的态度，有助于我们拥抱未知的世界。

　　在这个世界上，最公平的就是时间。每个人每天都有同值的 24 小时，有的人每天都在消耗自己最宝贵的时间，有的人则利用它创造了无限的价值与奇迹。

　　时间管理最简单且有效的方法就是按"年、月、周、日、时"进行工作与生活的目标分类与细化。

时间规划范畴

要想做好时间规划，就要知道时间的真相。时间在正常规律运行下，平均每30分钟会受到一次打扰，平均每次打扰用时大约是五分钟。即每天共约四小时。

一年之中，真正用来做有价值的事情的时间不会超过90天。三年内，好好规划你的人生和时间，取得的成就是之前的三到五倍。浪费时间的原因有主观和客观两大方面，这是根源。

做好时间管理最佳的方法是：厘清思绪，想明白自己究竟要什么；目标一定要明确，定位一定要精准，计划一定要精细，行动一定要科学，观念要对，习惯要好，认真执行，懂得删减，严谨自我管理。

做好时间规划的范畴如下：

第一，管理时间规划　　　　第二，计划时间规划

第三，预设时间规划　　　　第四，倍增时间规划

第五，汇总时间规划　　　　第六，平衡时间规划

第七，借用时间规划　　　　第八，买卖时间规划

第九，工作时间规划　　　　第十，休息时间规划

第十一，健身时间规划　　　第十二，静思时间规划

第十三，睡眠时间规划　　　第十四，旅游时间规划

第十五，居家时间规划　　　第十六，学习时间规划

为何要做时间规划

规划时间，是为了目标、计划等的顺利实现。合理分配利用、应用好时间，做事就能更轻松，身心就能得到良好的休整，继而养成良好的生活与工作习惯，不至于疲惫而虚度光阴。

我们为何要做时间规划？规划的核心是什么？规划的价值是什么？规划的结论又是什么？

时间规划的核心是做事有计划；目的是做人有原则；要点是有轻重缓急；准则是合理与平衡；方法是长中与短近；为了更高的效率与效果；为了效果与效能；为了效能与效量；为了效量与效质；为了效质与效值。

时间规划，需要注意的事项一：

规划时间内要达到的目的；规划时间内想达到的结果；规划目标所需时间的时限；设计目标所需时间的条件；设计目标所需时间的基础。

时间规划，需要注意的事项二：

时间规划的正确性

时间规划的逻辑性

时间规划的安全性

时间规划的合理性

时间规划的科学性

时间规划的可行性

如何驾驭时间

对时间的管理与驾驭，每个人都有着不同的体会和理解。人的生命是有限时间的积累，有效管理好时间，是一个人走向成功的自由之路。

以人的一生来计算，假如以均数 80 岁年龄来做基数，大约是 70 多万小时。其中，能有比较充裕的精力进行工作的时间，大概只有 40 年，是 1.46 万天，约 35 万小时。除去睡眠和休息，大概还剩 20 万小时，生命的有效价值就在这有限的时间里发挥作用。所以，提高这段时间的工作效率，就等于延长了寿命；复制、倍增你的时间，就能创造更大的价值。

如何有效驾驭时间？

一、给自己做好长期的事务规划，表格化，然后依计而行；

二、做好时间的分类管理，分配好时间；

三、杜绝一切打扰，拒绝一切无效、无意义、无营养的社交；

四、聚力精力，聚焦时间，聚合有效资源；

五、做年计划、月计划、周计划、日计划、时计划；

六、每年总结，每月总结，每周总结，每日总结，实时总结；

七、做时间值日提醒，做事务限时提醒。

第十四节　模型规划
—— 懂模型掌控人生，用模型智慧人生

想要成为社会的上流人士，就要成为生活游戏的顶尖高手，懂生活的多元方程式，守上流社会的游戏规则。高手的顶层思维是模型与价值，智者的顶级思维是利他再利己；自由的前提是自束，自信的前提是守规。生活处处是修行，人生处处是道场。

命运并非天定，成败自在人为。人生暗处藏规则，深谙此道智生存。人的一生从认识到认知，从模糊到精准，从原始到知性，从线性到非线性，都是一个数据的算法，也是一个模型的结构。懂模型掌控人生，用模型智慧人生。

关于人生模型

思维模型是大脑做决策的工具，面对新生事物，工具越多，越能做出最正确的决策。拥有高模型思维的人，越能看清事物的本质，就越能参透其底层逻辑。

如何打造自己多元的思维模型？

多元思维模型，即人生模型的设计，是自己综合形象的标签，也是自己内在智慧的呈现。TLSE 模型，是用最科学与先进的逻辑思维进行设计，再构架出一个最完美的个体形态，呈现在公众面前，使"外在形象、语言谈吐、身体形态、精神面貌、逻辑思维"等给人一种特别的共识魅力，成为个人最佳的形象标签。

人生模型的构架为多元角码的组合，首先要学会如何建模。建模的关键在于最终要呈现什么样的形态，这个形态的定位很重要。

人生模型的终极价值是，让一个独立的思维个体最终成为一个什么样的人。比如，如何凸显特点？如何彰显个性？如何释放价值？如何展现魅力？如何呈现资源？如何驾驭财富等？所有外在世界的接纳，都是内在力量在做功，都是内在思维策略和外在世界互动的结果。好的人生需要学会巧用杠杆，并找到支撑那个高维力量的原点与支点。

人生模型的角码

角码，即人生模型的透视维度与数字算法，是从不同经度、不同维度、不同角度、不同数维去诠释一个人的人生模型。

线性算法：

线性运算法，在数学公式中是加法和数量乘法，在实数领域只包含加法和数量乘法，二元一次方程就属于线性运算。

而人生模型的线性设计，则加了矩阵运行计算法。即人生模型的设计必须从多维的角度去明确自身的终极价值。从线性的"交换律、结合律、分配律"等向量的运算，根据一个人的综合数据信息去确定他的"价值、定位、目标、需求、时间、成就"等数据信息，继而成为一个有价值的线性目标指数。

非线性算法：

非线性算法，是用非线性数学理论去研究规划现象，去解决人性优缺理论体系，在数学中是对数和指数的交汇。即用"对数运算、开方运算、指数运算、三角函数运算"等模式去计算人生模型的"角码值"。即人生阶段性目标规划模型总框架。

非线性算法的研究对象，源自实践和理论两方面，是非线性现象、非线性问题和非线性科学的论理值。即用此公式去诠释"人生模型"的科学性、价值性和实用性，从宏观上把控模型在法律上的安全，从微观上落实模型的实用价值。

人生模型规划范畴

人生，就是一个不断学习如何成长体现价值的过程，也是一个对内、外本位思想筛漏的过程，更是一个通过自己的角码算法后给出外界响应的过程。应用模型算法对标信息与价值的优劣及角码值，直接关系着一生的生活品质和生命质量。

调整模型与角值的参数、学习新的算法模型，乃至做更多的价值思考，自己就能深度学习角值与向值的算法，从底层帮自己提升与迭代自己的思维模式，更替自己的多元认知。

当模型与角码算法迭代到足够优质的时候，选择一个领域去重点迭代，再重复不同的输出与调校，就能成就好的人生。人生模型规划范畴如下：

第一，人生模型规划　　　　第二，价值模型规划

第三，穿戴模型规划　　　　第四，形体模型规划

第五，仪容模型规划　　　　第六，语言模型规划

第七，工作模型规划　　　　第八，事业模型规划

第九，盈利模型规划　　　　第十，健康模型规划

第十一，学习模型规划　　　第十二，思维模型规划

第十三，家庭模型规划　　　第十四，商业模型规划

第十五，产业模型规划　　　第十六，安全模型规划

为何要做人生模型规划

成年人学习的目的，是为了追求更高的认知层面、更高的思想境界、更高的人生价值，而不是更多的知识。在一个落后的思维里，即使增加再多的信息量，也只是低水平的重复。

人与人之间最大的差别就是思维方式及对事务的认知。思维模型是决定个人如何行动的底层原则和指导方针。所以，人生模型就是一个人的行动纲要与价值认知，是个人的 IP 标签，也是他生命模型之高维能量的价值体系。

人生模型思维分为成长性思维、成本型思维、线性与非线性思维，以及价值思维等。

成长性思维，即"能力思维、学习思维、证明思维"。它们会自我提升，改进自身的不足。会自我总结，自我反省，自我修正，会衡量自身的等同价值。

一个人，最大的力量在于自我认知与觉醒的力量。所以，设计人生模型，最大的价值就是让一个人能清晰自己人生未来路径目标与方向；知道自己是谁，知道自己要什么，知道自己缺什么，知道自己该做什么；什么事能做，什么事不能做，什么样的人能接触，什么样的人不能接触，什么话该说，什么话不可说。能严格约束自己，限时而行，依线而行，依实而行。

所以，个人要从自我认知开始，给自己立命，设计并建立"科学、严谨"的人生模型。

人生模型规划须注意的事项

人生，有方向才能定位，有定位才能立位，能立位才有段位，有段位才能上位，能上位才能驾驭财位。

人生，懂模型才懂模式，懂模式才有标准，守规矩方知方圆，有道德才有教养，有价值才能值钱。

做人生规划的目的，是为了使自己获得更好的人生信念与行动指南，给自己做好人生使用说明书。做人生模型设计的目的，是为了使自己变得更有价值、更值钱。

人生的模型规划，需要注意的十大事项如下：

一、提炼自己的核心价值

二、设计自己的品牌模型

三、设计自己的盈利系统

四、设计自己的系统平台

五、设计自己的顶层人脉

六、规范自己的价值体系

七、明确自己的目标方向

八、匹配模型的优质资源

九、建立模型的安全数据

十、使用模型的基础条件

第十五节 财富规划

—— 增值财富靠智慧，保值财富靠思想

　　人生最本质、最基本、最重要的财富，就是健康的身体。自己就是一座巨大的宝藏，拥有无穷的潜力和无限的力量，需要你用智慧的锄头去挖掘，用智慧的钥匙去开启。人生最宝贵的财富是生命，人生最高的智慧就是学会对自己进行价值投资。

　　人生，最珍贵的六种财富是：洋溢在你容颜上的自信，融化进血液里的骨气，铸造进你灵魂中的信念，丰盈在你大脑中的知识，蕴藏在你心底里的梦想，父母给予的健康身体。健康和知识之外无财富，疾病和无知之外无贫穷。人生，最大的价值就是你对自然与自我的认知。增值财富靠智慧，保值财富靠思想；真正的资产是生命，真正的财富是梦想与健康。

关于财富

　　财富问题本是一个经济学范畴问题，而不是哲学问题。但财富直接体现的是人与物的关系，又是物与产业以数字来计算的逻辑链接，其背后终究还是人与人之间的关系。因而，财富便与人的"平等、自由、欲望、期望、阶层、分工"等不可分割地联系在一起，成为当代人文社会与经济、哲学等研究的一个关于经济纵横发展的问题。

　　众所周知，马克思提出了人类的发展"三阶段论"（人所依赖性的社会、物所依赖性的社会、人的全面自由发展的社会）。在论述这个问题时，马克思说：在以价值交换为基础的资产阶级社会内部，产生了交往关系和生产关系，但它们同时又是一颗能够炸毁这个社会的经济地雷。所以，我们必须厘清生产条件和与之相适应的交往关系，形成经济的生态链，并不断地去发现能促进社会发展的必需物资与隐蔽存在于社会的资源体。

　　人具有一定的物质属性和时间有限属性，要想生存和发展，必须进行外界物质的补充。所谓财富，就是能满足人的需求的物质和非物质的事物。

　　生命的真相是：每个人出生的基因与背景不同，决定了起点的不同；每个人追求的价值不同，决定了终点的不同。如何把握起点和终点过程，决定着一个人的幸福指数。所以，只要管理好欲望，就能成为一个幸福的人。

财富真相

财富的本质是什么？爱因斯坦说：所有的物质都是以能量的形式表现出来的，任何物质都是阴阳的存在。财富也有"内外之分、阴阳之分、虚实之分、多少之分、长短之分、大小之分、精神和物质之分"等。

比如，股票和存款、支付工具等。以数字额度形态表现，是虚的，属于看不见的财富；现金，则是实的，是看得见、可量化的财富。

随着社会的发展，财富基本上会以虚拟、无形等形式而存在。《易经》中有一句经典语录，即厚德载物。德就是能量，厚德就是高能量。所以一个人无德，就没有能量，很难获得成功和财富。如果一个人有能量，即使没有物质，处处也是吉祥、喜悦和幸福。

能量对生命的贡献主要表现为，能量是财富重要的表现形式，以虚实出现，即看得见加看不见，等于物质加精神。一个人财富的总和，就是精神和物质加起来的总和，也就是财富的组合，这是衡量一个人财富的标准。在宇宙中，能量跟物质保持着动态的平衡；在生命中，精神跟物质也动态平衡。

财富来自哪里？来自布施，来自奉献，来自给予。财富是一个人德行的外相显化，在现代灵性学中指的是能量，一个人的能量层有多高，财富就有多高，能量与物质成正比，能量与德行成正比。所以，能量越低，财富越少。

人生财富规划范畴

有人说，金钱和时间是人生中的两种最为沉重的负担，要想合理"卸掉"这种负担，需要有高维的智慧。

何谓财富规划？传统意义上的财富规划模式，是综合运用"投资基金、家族信托、分红保险、离岸结构"等环球工具，对私人财富的权益、税务、投资等内容进行全面的计划与安排，以实现对财产的保全增值与措施保护。

每个人的一生都在和财富打交道，从创造财富、积累财富，到传承财富、财富管理，是每个人终身的必修课。财富规划的本质功能是为实现人生目标提供必不可少的财务支持，目标并非一时的收益高低，而是要满足个人和家庭的财务需求。而要想做到真正的财富管理，就需要一份全面的财富规划。当然，这里所要做的人生财富规划，指的是全面诠释一个人一生的"财富"计划。规划范畴如下：

第一，健康财富规划　　　　第二，精神财富规划

第三，知识财富规划　　　　第四，价值财富规划

第五，事业财富规划　　　　第六，朋友财富规划

第七，信用财富规划　　　　第八，时间财富规划

第九，阅历财富规划　　　　第十，保险财富规划

第十一，资源财富规划　　　第十二，无形财富规划

第十三，物质财富规划　　　第十四，传承财富规划

第十五，金钱财富规划　　　第十六，生命财富规划

财富形态

从古至今，人们对财富概念的争议从未停止过。其中，不仅有经济学家、哲学家、社会学家，几乎所有的人对此都产生了浓厚的兴趣。在早期的经济学者中，重商主义者曾将金银货币当成财富的唯一形态；重农主义者则认为只有生产出来的剩余产品才是新增的财富。无论是亚当·斯密的《国富论》，还是马克思的《资本论》，都认为财富是"劳动"的结果。

远古时期，只有以物质形式存在的商品，才能被认定是财富。例如，亚里士多德的"生活上的必需品"、布阿吉贝尔的"只有衣食物品"等。其实，说的都是具备物质存在形式的财富——物质财富。

而在当今社会，更多人都在思索："健康、心情、智慧、自我满足、经历"等才是真正的财富。而"货币、土地、黄金"等作为财富标志的特定物品，是否会随着社会文明的发展变迁而失去其财富属性，是不是真正的财富？这种认知概念与内涵正在被很多人颠覆。

财富的本位包括物质财富与精神财富，社会发展到现在，又增加了价值财富。TLSE 系统模型认为，高度文明的社会，财富的组成还应当包括"认知智慧、阅历经历、知识结构、价值创造、掌控资源、人际关系、物质价值、信用额度"等。

财富形态的核心价值是：使用价值与交换价值，继而成为当下社会静态与动态的数字与经济价值。

人生财富模型

　　财富分精神财富和经济财富，经济的本质是以价值增值为直接目的，通过市场需求、导向、控制和调整，实现价值资源的有效配置，以期达到财富价值的增值，继而实现新增财富在社会经济形态下的重新分配。

　　财富的结构本位价值以纵横形态呈现。社会经济发展到现在，经济的形式都是以纵向发展，纵向发展即为商业形态。商业的本质是利益，表现为货币，在获取的过程中多为相互伤害，多数人是直接获取，甚至破格获得，很容易引发社会灾难。

　　当下全球经济发生了质的变化，人类社会文明不断进步。只有文明的交流才能超越世界的隔阂，文明的互鉴才能超越文明的冲突，文明的共存才能超越文明的优越。因此，文明的终极体现是"推动社会发展"和"贡献社会价值"。

　　横向经济实为人类文明共存发展的价值形态，即世界经济的发展形式会以横向发展，文明价值引向的是"经济平衡、产业平衡、资源平衡、发展平衡"等。因为价值的本质是认知文明的超越，是平衡发展。

　　财富模型规划须注意的八大事项：

第一，财富模型的架构体系　　　第二，财富模型的价值体系

第三，财富模型的价格体系　　　第四，财富模型的系统体系

第五，财富模型的安全体系　　　第六，财富模型的定位体系

第七，财富模型的增值模式　　　第八，财富模型的盈利模式

第十六节　资源规划

—— 能掌控与调配的资源叫有效资源，反之叫无效资源

有规划的人生是蓝图，无规划的人生是拼图。如果心中没有城堡的形状，即使手中握有再多的积木，也没有用。很多人拥有太多太好的资源，但因为内心不知将去何方，最终还是迷失了路。21 世纪最大的灾难不是火山、不是地震，而是太多的人带着巨大的能量来到这个世界，然后又几乎原封不动地埋入泥土。

人生就像一道大餐，融合了酸甜苦辣的各种味道，无论吃什么，都是自己的选择。人生对资源的把控与规划同样如此，关键是如何设计、如何应用，以及如何选择。生活就是一面镜子，折射出来的都是自己的心境，不做规划，只能得到模糊的镜像。一句话，什么样的选择，就会导致什么样的人生。

关于资源

　　资源是自然界和人类社会中一种可以用来创造物质财富和精神财富的具有一定数量积累的客观存在的一种形态，主要分为"自然资源和社会资源""有形资源和无形资源"。前一章我们描述了有形资源与无形资源，这里我们来讲自然资源和社会资源。自然资源包括土地、森林、石油、阳光、大气、雨露、空气等；社会资源包括人力资源、信息资源、组织资源、工业资源、农业资源和科技资源等。

　　TLSE 系统所述的资源为：知识、智力、财力、人脉、技术、经济、网络、自然、政治、商业、信息、科学、能量、材料、农业、工业、实物等，由一切有形与无形价值资源的综合组成。即所有自然存在的可被我们"开发、使用"和相互"作用、利用"的物化与形态的显像。

　　马克思在《资本论》中说：劳动和土地，是财富两个最为原始的形成要素。恩格斯的定义是：劳动和自然界在一起，才是财富的源泉。自然界为劳动者提供材料，劳动者又通过技术与设备把材料转变为财富。

　　智力资源，是知识经济以知识产业为基础产业的经济，其发展主要取决于智力资源的占有和配置。随着社会科学技术的高速发展，科学成果转化为产品的速度大大加快，形成了知识形态生产力的物化。随着人类对资源认知能力的改变，开发替代资源的能力也大大增强。自然资源的作用退居次要地位，科学技术成为社会经济发展的决定因素。

什么是资源？

从广义上来说，地球上的一切都是资源，一切都是平等宝贵的，没有什么东西是垃圾和废物。从狭义角度来讲，人类才是真正的核心资源，且是最宝贵的资源。不过前提是，人类必须掌握客观规律并不断研究探索和利用客观世界。

客观世界的自然资源是早已存在的，能够获取多少资源，主要取决于人类对客观规律的认识程度。比如煤，过去只是一块块石头，现在人类可以将煤点石成金，而引发这一神奇变化的是人类的综合能力，而不是客观物质存在本身。

不同的人群，因综合知识认知水平的不同，对资源的应用水平也往往不同。客观上讲，真正的资源应用水平，不在于占有资源的多少，而在于利用资源的多少。有些地方，自然资源十分丰富，但依然贫穷落后。有些地方，自然资源十分贫乏，通过整体科学水平力量的转化，却走在世界发达先进国家的行列。

TLSE——人生规划就是用一种特殊的程式系统模型，科学地去开发、激发潜藏于我们自身的能量资源，使其显像化、高维化、资源化、应用化、数据化和财富化。

科学，研究的是自然与客观规律，是一门能够正确把握和应用资源交互与配置的学科，是人类前进和文明的唯一动力。随着人类对宇宙客观规律的不断深入探索与认知，人类越来越多地懂得"释放、开发、优化"自身资源的能量。

人生资源规划范畴

高维思想与智慧成长是解决所有问题最关键的钥匙，整合与配置资源的能力就是驾驭财富的能力。有形资源可见，无形资源不可见，价值资源需共识。

在知识经济条件下，利用某种资源的时候，必须充分利用科学技术知识去考虑利用资源的层次问题；对不同资源进行不同层次的利用时，还要考虑地区配置和综合利用，这就是新资源观。

资源系统观，是资源观中最核心的观点，只有充分认识到人是自然大系统的一部分，才可能真正与自然和谐发展。同时，也只有人类把各种资源都看成人与自然这个大系统中的一个子系统，并正确处理该资源子系统与其他子系统之间的关系，才能高效利用这种资源。

人生资源规划范畴如下：

第一，人脉资源规划　　　　　第二，物质资源规划

第三，金融资源规划　　　　　第四，行业资源规划

第五，产业资源规划　　　　　第六，政商资源规划

第七，智库资源规划　　　　　第八，技术资源规划

第九，网络资源规划　　　　　第十，人才资源规划

第十一，健康资源规划　　　　第十二，安全资源规划

第十三，美丽资源规划　　　　第十四，高端资源规划

第十五，渠道资源规划　　　　第十六，特殊资源规划

如何有效配置资源

资源的合理配置，是指为了达到预设的价值指数及一定的生态经济目标，根据生态经济的系统结构，利用科学的技术管理手段，对自然资源进行"改造、设计、组合、布局"的活动。

经济的增长性与无限性是资源生态大系统的关键，如何做到经济的持续发展和资源的永续利用，如何取得资源的最佳经济效益和社会效益，是资源配置的关键程式。

要想有效地配置资源，首先要做到的是：将自己变成资源体，且这个资源体能被他人所需要。变成资源体最好的方法就是快速提升自己，以及提升自己高维认知的能力。

高维认知的核心是信息资源要素，只要同时具有"提炼、修正、融合、释放"各类信息资源要素的能力，就能使之变成新的资源导体。这种信息导体就能使各类资源要素"相互链接、相互联系、相互作用、相互转化、相对独立"，继而能形成具有特定功能的有机资源系统。

对于个人来说，"把控资源、调配资源、使用资源"及"加工信息、制造信息、传播信息"的能力，是最大的能力。而如何把自己变成真正的资源体，是成就顶配人生最关键的元素。

配置资源的核心是资源集群建设，即根据需求对象，找出彼此需求，使其能"相互认同、相互作用、相互升级、相互成就"，继而实现真正的资源共享和价值共赢。

配置资源注意事项

资源分有形资源和无形资源，关键在于其价值是可控还是非可控。从本质上来说，资源就是以资源体的利用与应用为目的，通过转化、变现和再生等手段，实现价值资源的有效配置，以期达到资源价值增值，继而实现价值资源和再生资源在社会经济形态下的合理应用。

人生资源的规划，需要注意的八大事项：

一、定位资源的类型

二、确定资源的价值

三、把控资源的安全

四、优化资源的结构

五、布局资源的形态

六、做好资源的应用

七、做好资源的匹配

八、做好资源的转化

第十七节　标签规划

—— 标签，就是你个人在社会中的品牌定位

　　每个人的人生都有一个标签，你的标签是什么？标签，就是你的个人品牌，是在社会中他人对你的综合评价及认知印象。

　　内容涉及你的能力、你的技能、你的信誉、你的言行、你的颜值、你的能量，是你呈现给他人的价值和公众形象。有爱的标签，就是让自己做一个有价值的人，做一个值钱的人，做一个受人尊重的人。

　　那么，我们该如何设计人生，如何规划未来，如何把自己打造成"有价值、有故事、有情怀"的知名品牌？答案就是科学规划人生，智慧去设计未来；用实力彰显故事，用真实抒写情怀！

关于人生标签

标签就是你的人生定位属性，在你的标签里，写着你人生的过去与未来。人的一生有很多标签，贴着贴着就成了一个完整的人生。外表形象就是一个人最直观的标签。

个人品牌，个人IP，都是个人标签。要想建立个人品牌，打造个人IP，让你在社会中、朋友间与众不同，首先就要充分了解自己，对自己足够认知，知道自己喜欢什么、擅长什么、有什么核心优势、有什么核心价值。个人品牌通常都建立在一些特殊的"人生标签"之上，自己能在不断变化的环境中找到安身立命之所。

要想给自己贴标签，能精准定位自己，这需要再分析社会大环境，基于自身优势资源，寻找一个合适自己的概念来给自己定位。然后持续升级维护这个特定概念，并为这个概念做营销，植入他人的心智。然后，在社会的"生活中、工作中、网络中"向人们传递一种信息：你是谁？你在哪里？你能做什么？做过什么？你能为他人创造什么价值？只要持续释放自己独特魅力，专注于打造自己的核心与长板，做到极致，形成自己得天独厚的人生标签，就能释放自己的人生价值，让自己的人生快速增值。

怎么设计人生标签

标签，就是个人在社会中的品牌定位。这里的标签不是产品标签，也不是条码标签，而是你人生的 IP 价值及品牌形象的彰显。那么，如何才能让生命增值，让人生价值增值？唯一方法就是，在所在的领域中努力追求卓越，让自己变成价值的资源体。

人生就像一场真实的电影，每一次经历都是一场未经彩排的现场直播，没有剧本，没有假设的故事情节，也没有重拍的机会，你既是故事的主演，也是编剧的导演，你每时每刻都在演绎最真实的你。

人生标签，就是你在社会公众及朋友心智阶梯中所占据的有利位置、给你的角码及价值定位，即你在他们心中的某种特性认知的代表。

品名标签设计，也叫个人定位规划。它不是围绕既定朋友资源而做，而是围绕社会潜在资源体的心智而进行设计。也就是说，你在社会的"生活中、工作中、网络中"传递给别人信息，通过信息的不断累积，逐渐形成你的身份标签。

你人生的品名标签设计思路，就是要由名想到人、由人想到事、由事想到物，或由物想到人、想到事等。在发散的既定思维里，想到某个现象的时候，脑袋第一印象出现的是你，继而形成你的身份标签。

人生标签规划范畴

合理的规划，就像是人生中的灯塔，能在你最需要的时候给你指明方向，在你行动的时候给你带来方便，在你休息的时候仍然给你带来持续的价值。

人生标签规划设计的目的，不仅仅是为了协助你达到和实现个人阶段目标，更重要的是能帮你更清楚地了解自己，更好地成就自己，并进一步"衡外情，量己力"评估自己，利用特定的标签身份传递更好的价值和更佳的信息。

人生标签规划范畴如下：

第一，人生标签规划　　　　第二，名字标签规划

第三，品牌标签规划　　　　第四，形象标签规划

第五，服饰标签规划　　　　第六，语言标签规划

第七，职业标签规划　　　　第八，行业标签规划

第九，气质标签规划　　　　第十，背景标签规划

第十一，文化标签规划　　　第十二，资源标签规划

第十三，关系标签规划　　　第十四，思想标签规划

第十五，技能标签规划　　　第十六，社会标签规划

如何打造人生标签

受人认可的个人标签，必定是有价值输出的标签。透析一个人的个人标签，就知道这个人有什么价值？能创造什么价值以及这个价值在主流社会价值中的比重如何？

个人标签，是个人最高效的自我介绍的方式。通过个人标签，可以判断出很多信息，比如，性格、喜好、领域、资源、行为方式等，都可以作为行事的参考依据。

什么样的个人标签含金量高？"程序员"可以贩卖代码获得高待遇，"AI专家"可以输出技术改变世界，"股神"可以通过投资或投机收割"韭菜"，"天使投资人"可以投资价值获得巨额财富……那么，你自身有什么标签可以创造更高的价值？

如何设计个人价值标签？

要想在一个行业或领域创造价值，就要具备该行业相关资质的价值标签，且个人能力必须匹配该价值标签。如果还没有匹配上这个价值标签，就得先为自己贴上一个有资质的价值标签，且这个标签必须是"行业价值的创造者"。

为了通过人生标签的驱动去提升你的价值，为了通过价值贡献成为行业精英，然后成为个人的价值标签，在自我介绍时，就要拿出自己含金量最高的个人标签，省去更多的沟通成本。至少要在一个维度上足够突出，个人价值标签足够明显，才能产生巨大的价值。

做人生标签规划须注意事项

建立个人品牌，首先，要建立并设计个人标签。

个人标签主要分为：品牌标签、价值标签和价格标签。品牌标签主要呈现的是信用，价值标签呈现的是希望，价格标签呈现的是共识。用专业的话说，就是需要对你想要影响的人进行认知建设，让他们接受你的思维及角码定位。其次，是你的表达和宣传要恰到好处，并能切中要害。也就是说，要对他人做认知建设，对他人进行正向，且符合定位逻辑，有目的地进行一系列增强感知的工作，加深他对你的印象。

做好人生的标签规划，需注意的八大事项：

一、标签的精准定位

二、标签的商业价值

三、标签的传播形态

四、标签的应用场景

五、标签的代表属性

六、标签的意识文化

七、标签的潜在力量

八、标签的信用价值

第十八节　圈子规划

—— 高质量的人脉圈可以给我们的人生提供巨大的能量

社会学家米尔格拉姆《六度分隔理论》中指出，任意两个人要想建立联系，最多只需 6 个人的介绍就能实现。人与人之间的联系使社会形成了一张密不可分的关系网，有效的关系就是我们的互信人脉。

高质量的人脉圈可以给我们人生提供巨大的能量，让我们少走弯路，给我们的工作起到推波助澜的作用，让我们在职场中如鱼游水，甚至一飞冲天，达到人生的另一种你意想不到的新高度。

在当今社会中，不一定是你一定要懂什么，而在于你认识谁，而他也愿意帮你，只有真诚地认识能够改变或帮助你的人，你才能构建有用的人脉资源库。

关于人脉圈子

圈子决定圈层，圈层决定人脉，人脉决定财富，财富决定命运。圈子决定人脉的宽度，圈层决定人生的高度。

人脉就像一座无形的金矿，拥有这座金矿，你就能输出价值，同时掌握取之不尽的价值财富。智慧之人都能认识到这一点，所以越来越好；普通人认识不到这一点，所以越来越难。一辈子都认识不到这一点，只会困难一辈子，这就是圈子的重要性。

想进入上层圈，就要提炼自身的能量价值，提升自己的交际能力，懂得如何去贡献价值，去呈现价值，呈现有效资源，并能为他人所用，逐渐获得他人认可。

如何进入高端人脉圈？需要通过朋友、聚会、论坛等去结识更多优秀、杰出、顶尖的人士。要想认识关键和重要的人物，首先自己要有价值，要开放自己，从各种渠道入手，不能仅局限于自己经常接触的圈子，除非你本身已经是一个很高端的资源体、很高层的大人物，或是某个领域顶尖的高手。

真正的高手，从来不会坐等贵人自己"降临"，只会努力付出，认真学习，提升自己，主动出击，将自己的贵人吸引出来。如果想成为一个成功人士，就必须进入一个成功的圈！如你已是一个成功的人，就要构建一个高层的圈，让更多同类的、高层的人进入你的圈。

怎样经营人脉圈子

所谓贵人圈子，就是能为你的梦想插上翅膀的人。这些人不仅能让你更便捷地走向成功，还能助你打造一个充满希望的未来。上层人士的圈子几乎都是良性关系，因为层面越高的人，越会相互成就，相互助力。

我们不会与生俱来就拥有人类所需的全部技能，也不会从一开始就对生活有谋局的能力。为了生存与生活，我们每天奔波劳碌，体会着生活中的酸甜苦辣。在这个过程中，我们也渐渐懂得生活，并开始努力经营属于自己的人生。

高端人脉圈子的生成需要慢慢培育，首先得评估自己的专业特长，必须有过人之处，这是核心。人际间相互来往的目的无外乎互惠、互助、互利、互勉，没有实际意义的关系很快就会消失。

当然，并非所有的人际交往都以功利为目的，但能长久保持密切往来，一定有利益关联或以情感交互为纽带。上层人士的时间都很宝贵，也能看尽眼前和长远，如果你对他人没有价值，如何待在他们身边？

一个人命运的转折离不开三点：

一、每天大部分时间和谁近距离待在一起；

二、每天都在讨论什么话题，接受什么教化？

三、每天接收什么信息？谁传递给你的？

记住：只有制定游戏规则的人，才能把你的人生引向颠覆。

人脉圈子规划范畴

要想经营好自己的人脉圈子，需要做到以下两点：

第一，对自己现有的人脉和人际关系进行精细分类，并进行价值评估，有的关系必须去掉，有的关系必须升级精细维护。

第二，对自己将来可能需要的人脉，进行科学合理的预测或估量，以拓展未来发展的人脉关系。

人脉圈子规划范畴如下：

第一，生活圈子规划   第二，家族圈子规划

第三，生意圈子规划   第四，事业圈子规划

第五，工作圈子规划   第六，学习圈子规划

第七，同学圈子规划   第八，乡邻圈子规划

第九，文化圈子规划   第十，金融圈子规划

第十一，兴趣圈子规划   第十二，企业圈子规划

第十三，政商圈子规划   第十四，商业圈子规划

第十五，网络圈子规划   第十六，价值圈子规划

正确经营人脉圈子

人脉的本质是情感和利益交换，圈子的本质是呈现价值。

如何转化圈子中的人脉资源？如何在人脉圈中交换价值？如何协调人际关系中的天、地、人和？答案就是要做到和谐共处。

如何经营自己的人脉圈：

一、确立正确的价值观

二、划清圈子的分界线

三、提升自身的能量场

四、打造圈子的安全感

五、建立圈子的规与则

六、推崇圈子的真文化

七、清理圈子的负能量

八、优化圈子的好资源

好的人脉圈子，是一个相互依存的关系链。为别人提供帮助，等于向人情圈子银行里存钱，存进去多少才能取出来多少，透支额度很有限。人情价值会随着存期的增长而衰减，人情银行里没有复利计划。职场圈子生活化，生活圈子职场化。日常生活中，抓住瞬间机会，为自己营建人际网络，在圈子里大展身手，你的人脉圈就会像滚雪球一样，越滚越大、越坚定、越有力量。

经营人脉圈子须注意事项

　　每个人的人脉圈子都是从"亲人、亲戚、朋友、老师、同学、同事、老乡、战友、网络"开始挖掘和积累的。从小圈子到大圈子，从低能圈子到高端圈层，圈子里的每个人都可能成为你人生中的贵人。

　　建立有魅力的个人品牌，并培养正能和谐的个性特质，是通往高端人脉的关键。令人愉悦和让人欣赏的人，往往拥有更多的关系资本。人活在世上，唯有不断追求完美和改善自己，方能立于不败之地。不善言谈的人多学习讲话技巧；爱说爱动的人要有意识地调整和把握好尺度，使自己出落得别有气质，举止大方。

　　建立和维护关系，并不需要特别的技巧，也不需要做什么高难度的动作，只要从小事或随手可办的细节入手即可。只要运用得好，常能起到四两拨千斤的作用。凡事多替他人着想，以诚挚之心待人，能帮人尽力而为，善解人意，不用刻意表现，只要融入生活的常态里即可。

　　人生圈子规划，需注意的八大事项：

第一，挖掘圈子里的榜样　　　第二，塑造圈子里的力量

第三，把关圈子里的成员　　　第四，提炼圈子里的价值

第五，制定好圈子的规则　　　第六，划分好圈子的类别

第七，设计好圈子的模型　　　第八，要做好圈子的服务

第三章
要点与模型
——人生战略规划系统模型

　　人生战略规划程式解决方案，即顶配人生系统方程式，是根据一个人自身的综合条件及社会的发展形态和个人的发展志向，对自己未来的"人生定位、职业定向、价值趋向、终极使命"等做出的一种预先的思路设计和行动计划，是一套"科学、安全、简捷、务实"的模型程式系统。

　　TLSE就是，个人站在人生全域的高度，"全面、系统、精准、真实、安全"地对自己进行"自我分析、价值定位、科学设计、行动规划"，合理设置人生目标，并制订最佳、可执行的规划方案。

顶配人生系统模型

系统模型设计要点：

一、定位精准　　二、目标明确　　三、框架科学

四、模式清晰　　五、价值突出　　六、值钱赚钱

七、核心聚焦　　八、简单易行　　九、拥而不占

十、利他而行　　十一、目标分解　　十二、阶段执行

十三、时间聚焦　　十四、资源聚焦　　十五、价值思维

十六、安全第一

自治者须注意十大事项：

一、聚焦所有的时间　　二、聚焦有效的资源

三、不做无结果之事　　四、不做无效的社交

五、定至少三年目标　　六、锁定当下之要事

七、严格依计而行事　　八、实践成功者思维

九、提升沟通的能力　　十、每周每月做总结

系统模型核心要点

第一核心与要点

核心：定位志向，要做什么？

要点：先定行业，再选职业。

分析：根据国家战略方向、社会发展形态、地方政策法规、行业发展趋势、个人综合情况等。

第二核心与要点

核心：自我全面综合分析。

要点：分析各方面的优势和劣势。

分析：所掌握专业、家庭背景、学业背景、天赋能力、性格缺陷、思维能力、资源关系和资金基础。

第三核心与要点

核心：综合自己主要总规与目标。

要点：健康、事业、家庭和财富。

分析：身体健康指标、事业规模指标、家庭状况指标、婚姻安全指标、财富数据指标和个人成长指标。

第四核心与要点

核心：目标分解与细化。

要点：科学化、具体化、标准化和精细化。

分析：明确10年总的战略计划，总目标、总方向、总价值，分解到10年、5年、3年、1年、半年、3个月、1个月、1周。

第五核心与要点

核心：实现总目标所需配置条件。

要点：资金、团队、硬件和软件。

分析：核心项目、基础资金、核心团队、经营场所、办公硬件、运营软件、核心竞争力、核心关系和掌控资源。

第六核心与要点

核心：靠什么获利，核心竞争力是什么？

要点：盈利点、收益点，以及可持续的时间。

分析：项目赚钱，工作赚钱，贸易赚钱，投资赚钱，智力赚钱，靠什么赚钱，利益点，可持续性。

第七核心与要点

核心：盈利模式是怎样的？

要点：系统化、科学性、可持续和安全度。

分析：运营系统、分利模式、支撑平台、安全方案、产业结构、服务体系、价值分析和金融思维。

第八核心与要点

核心：风险评估有哪些？

要点：进行综合风险管控。

分析：法律风险、政治风险、市场风险、社会风险、经营风险、资源风险、关系风险和资金风险。

第九核心与要点

核心：稽核自检程序。

要点：如何把控方向。

分析：计划检测、目标检测、惰性改善、安全检测、管控检测、人才检测、资财检测和执行检测。

第十核心与要点

核心：有效时间管理。

要点：时间分配值。

分析：工作时间比例、健身时间比例、家人时间比例、独立时间比例、学习时间比例和朋友时间比例。

第十一核心与要点

核心：综合技能。

要点：提升个人分值。

分析：生活技能、工作技能、社交技能、沟通技能、演讲技能、穿戴技能、管理技能和计算机技能。

第十二核心与要点

核心：导师团成员有哪些？

要点：自我督促，智囊团队。

分析：生活导师、风控导师、健康导师、金融导师、管理导师、情感导师、营销导师和智慧导师。

第四章

营销与通道
——任何商业，没有销售便全是成本

营销的核心是创造价值，通道的意义是建立可持续的收益。任何东西，只要没有产生实质性的销售，全都是成本。

TLSE 营销系统，建立了一个以价值为核心的驱动体系。我们从一出生便开启了销售模式，也在为社会以一种非常简单的方式创造价值。

TLSE 营销系统把营销通道分为四个阶层：第一层是以产品为中心的营销；第二层是以客户为中心的营销；第三层是以价值为中心的营销；第四层是以参与共赢为中心的营销。TLSE 系统的核心是人生全域战略与营销，能为你遇到的各种生活问题提供智慧的解决方案。

营销系统模型

厘清赚钱逻辑，明白商业本质，定格价值模型。

系统模型设计核心：

一、卖什么？　　　　　　　产品定位：有形的还是无形的？

二、卖给谁？　　　　　　　客户定位：特定人群及黏性。

三、为何购买你的？　　　　突出价值：梳理产品价值特性。

四、如何传播价值？　　　　渠道通路：如何建立传播通道？

五、客户如何掏钱？　　　　场景系统：如何建立生态体验？

六、谁去卖？　　　　　　　合作伙伴：创客营销模型。

七、为何给你卖？　　　　　源之动力：盈利系统分配模式。

八、我有什么缺什么？　　　成本结构：厘清自身优劣。

九、能提供哪些服务？　　　增值价值：如何让客户更舒服？

十、入口在哪里？　　　　　流量渠道：从哪里开始？

系统模型设计要点：

一、安全系数有多高？　　　是否涉及法律风险？

二、核心竞争力是什么？　　产品、模式、服务？

三、营销渠道是什么？　　　传统销售、互联网，还是其他？

四、谁是渠道建设者？　　　专业营销人还是产品受用者？

五、营销动力是什么？　　　直接价值及间接利益在哪里？

六、产品定位及定价？　　　特性、价值、价格。

七、营销系统及定规？　　　分配机制及规则制定。

TLSE **释问模型**

第一，法标设定

法定货币的设定，须先以国家法定货币为标准。因为法定货币可融通万物，融通所有数物。

第二，额度精准

设定目标数据的精准额度，要清楚：为何设定此数据？你的科学依据是什么？

第三，目标周期

以项目为基础，设定完成目标额度的精确周期，把目标分解为"长期、中期、短期"，各期是多久？

第四，项目定位

定位聚焦所要达成目标的核心项目，并精准地分析项目的可行性、风险系数和成功率。

第五，盈利模式

论证所运营项目的盈利基点、盈利依据、盈利模式、达标条件和可持续盈利周期。

第六，自我肯定

预定的目标与计划，依照自身的能力能否做到？如若做不到，该怎么办？如何才能做到？

第七，达标条件

要达成既定的目标，需要具备什么条件？需要付出什么？金钱？物资？关系？经验？我是否有？

第八，团队配置

要实现既定目标，必须有可靠的团队。知道谁是我核心伙伴？谁又能帮我？为何帮我？怎么帮我？条件是什么？代价是什么？

第九，形态变化

社会的形态每天都在发生巨大且质的变化，我们涉及的项目是否具有前瞻性、边界性和未来性？

第十，安全风控

实质项目的确定与法定目标额度的设定，是否可行？是否科学？其间如何防范可能出现或发生的风险？

TLSE 人生（月）效率模型

当月重要十件事	完成时间	完成标准
一		
二		
三		
四		
五		
六		
七		
八		
九		
十		
效比值总结		

TLSE 人生（日）效率模型

当日重要十件事	完成时间	完成标准
一		
二		
三		
四		
五		
六		
七		
八		
九		
十		
第一个四小时		
第二个四小时		
第三个四小时		

人生规划（10 年）总战略框架

日期		计划实施事宜	完成时间	总结
10年总战略规划	一			
	二			
	三			
	四			
	五			
	六			
	七			
	八			
	九			
	十			

人生规划（本年度）总战略框架

日期		计划实施事宜	完成时间	总结
全年年度总规划	一			
	二			
	三			
	四			
	五			
	六			
	七			
	八			
	九			
	十			
	十一			
	十二			

人生规划（本月度）计划框架

日期		计划实施事宜	完成时间	总结
全月度计划	一周			
	二周			
	三周			
	四周			

人生规划（本月度）详细计划

日期		计划实施事宜	完成时间	总结
	01			
	02			
	03			
	04			
	05			
	06			
	07			
	08			
	09			
	10			
	11			
	12			
	13			
本月度详细计划	14			
	15			
	16			
	17			
	18			
	19			
	20			
	21			
	22			
	23			
	24			
	25			
	26			
	27			
	28			
	29			
	30			
	31			

人生规划（当日）事务计划

日期		事宜	完成时间	总结
当日事务计划与总结	紧急事			
	重要事			
	当日总结			
	明日计划			

人生规划（当日时段）事务计划

日期		计划实施事宜	完成时间	总结
日时段详细计划	06:00—08:00			
	08:00—09:00			
	09:00—11:00			
	11:00—12:00			
	12:00—13:00			
	13:00—13:40			
	13:40—14:30			
	14:30—16:30			
	16:30—18:00			
	18:00—20:00			
	20:00—21:30			
	21:30—23:30			

第五章
顶配人生角码分析
—— 成就顶配人生，需先真实直面自己的内心

　　若想成就自己，成就顶配的人生，必须跨越昨天，超越上一刻的自己，做好今天，真实地认识当下的自己；拿出勇气，去直面自己的内心，去总结过去。当能静下来思考，直面自己内心，你就会变得无比强大。你就知道，自己内心真正想要的东西是什么了。

　　遵悟自然规律，参悟生命真相；证悟宇宙真理，觉悟人生智慧。提升段位，躬身践行；需忠于真理、忠诚人格、忠于使命，在最短时间实现阶级跃迁，步入社会上流，就能立位人生制高点。

个人当下综合状况角码解析

序号	分析系列	详细解析					
001	心理状态	☐压力较大 ☐感到恐惧 ☐沉着稳重	☐容易紧张 ☐缺乏自信 ☐自我调节	☐容易焦虑 ☐容易冲动 ☐自我解压	☐总想发泄 ☐总想倾诉 ☐性格温和	☐容易情绪 ☐思想混乱 ☐思路清晰	☐不能独处 ☐情绪低落 ☐淡化物质
002	精神状态	☐记忆衰退 ☐神态饱满	☐睡觉易醒 ☐积极主动	☐容易恍惚 ☐充满能量	☐容易疲劳 ☐精力充沛	☐状态萎靡 ☐思路敏捷	☐不爱活动 ☐声音洪亮
003	身体状况	☐行动正常 ☐口舌无碍 ☐血压问题	☐肢体健康 ☐脏腑健康 ☐血糖问题	☐头脑清晰 ☐皮肤健康 ☐肠胃问题	☐视觉无碍 ☐器官健康 ☐心肺问题	☐听觉无碍 ☐性爱正常 ☐肾脏问题	☐嗅觉无碍 ☐饮食正常 ☐神经问题
004	财务状况	☐收支平衡 ☐固定存款 ☐资产负债	☐收大于支 ☐存款上万 ☐负债上万	☐支大于收 ☐存款十万 ☐负债十万	☐稳定收益 ☐存款百万 ☐负债百万	☐无固收益 ☐存款千万 ☐负债千万	☐负债前行 ☐存款上亿 ☐负债上亿
005	情感状况	☐单身未嫁 ☐三角恋情	☐单身未娶 ☐情感和谐	☐婚后离异 ☐情感疲劳	☐热恋之中 ☐情感破裂	☐已婚已育 ☐纯单相思	☐情感混乱 ☐脚踩几船
006	家庭关系	☐家庭和谐 ☐婆媳融洽	☐相互理解 ☐父子融洽	☐相互支持 ☐母子融洽	☐相互鼓励 ☐子女融洽	☐夫妻融洽 ☐关系疏离	☐父母融洽 ☐没有温暖
007	朋友关系	☐利益关系 ☐没有知己	☐没有信任 ☐一位知己	☐相互支持 ☐两位知己	☐相互鼓励 ☐三位知己	☐胜似亲人 ☐四位知己	☐相互信任 ☐五位知己
008	工作状况	☐开心快乐 ☐为了生存	☐积极向上 ☐时间太久	☐乐在其中 ☐枯燥无味	☐压力较大 ☐收入较少	☐厌倦状态 ☐为了学习	☐环境不佳 ☐体验生活
009	社会认知	☐党政认知 ☐形式认知	☐政策认知 ☐现象认知	☐经济认知 ☐产业认知	☐发展认知 ☐资源认知	☐环境认知 ☐资本认知	☐媒体认知 ☐人文认知
010	社会资源	☐朋友资源 ☐产业资源	☐政府资源 ☐行业资源	☐资本资源 ☐人才资源	☐行政资源 ☐专家资源	☐刑侦资源 ☐商品资源	☐媒体资源 ☐明星资源
011	时间状况	☐时间自控 ☐时间自由	☐不由我控 ☐时间资产	☐时间空闲 ☐时间负债	☐时间紧张 ☐时间如金	☐出卖时间 ☐时间富裕	☐购买时间 ☐时光如水
012	我的定位	☐人生定位 ☐财富定位	☐事业定位 ☐关系定位	☐职业定位 ☐模型定位	☐行业定位 ☐婚姻定位	☐目标定位 ☐居家定位	☐产业定位 ☐平台定位
013	我的目标	☐人生目标 ☐十年目标	☐事业目标 ☐家庭目标	☐财富目标 ☐工作目标	☐一年目标 ☐健康目标	☐三年目标 ☐生活目标	☐五年目标 ☐物质目标
角码计算公式		总100分，共计174个"☐－角码"，每个"☐"＝0.575分，所得总分：					
个人综合总结							

个人内在素质认知角码解析

序号	分析系列	详细解析				
014	个性特点	□性格开朗 □行动急躁	□个性张扬 □做事稳重	□脾气温柔 □内敛深沉	□脾气暴躁 □容易亲近	□说话直接 □个性刚毅	□举止大方 □做事木讷
015	自我优点	□为人正直 □不沾黄毒	□做事积极 □不涉赌博	□衣着干净 □遵守时间	□积极向上 □诚实守信	□乐于助人 □遵纪守法	□不食烟酒 □爱家爱国
016	自我缺点	□不爱锻炼 □不守时间	□说话太直 □缺乏信任	□容易信任 □生活邋遢	□做事拖拉 □爱睡懒觉	□不爱学习 □知错不改	□暴饮暴食 □不爱身体
017	天才领域	□思维敏捷 □写作天赋	□记忆超群 □绘画天赋	□艺术天赋 □金融天赋	□设计天赋 □商业天赋	□表演天赋 □营销天赋	□计算天赋 □演说天赋
018	社交礼仪	□穿戴整洁 □茶场有品	□搭配合理 □酒场不躁	□说话有节 □歌场不喧	□肢体有度 □职场易操	□用餐无声 □商场稳运	□处事有方 □气场有量
019	不良习惯	□熏食烟酒 □迷恋旅游	□迷恋赌博 □喜异服饰	□迷恋女色 □编造谎言	□迷恋男色 □话语过多	□迷恋游戏 □喜欢窥视	□迷恋零食 □迷恋网络
020	文化素养	□饱读诗书 □热爱生活	□了解历史 □热爱社会	□喜爱文学 □了解政党	□喜爱音乐 □待人有节	□喜爱书法 □尊老爱幼	□喜爱创作 □不骄不躁
角码计算公式		总100分，共计84个"□－角码"，每个"□"=1.19分，所得总分：					
个人综合总结						

个人内在价值角码解析

序号	分析系列	详细解析					
021	人生价值	☐智慧价值 ☐思维价值	☐天赋价值 ☐影响价值	☐品牌价值 ☐创造价值	☐标签价值 ☐朋友价值	☐家族价值 ☐领袖价值	☐贡献价值 ☐认知价值
022	人生使命	☐传承使命 ☐家族使命	☐孝道责任 ☐教育使命	☐辅幼责任 ☐奋斗使命	☐工作责任 ☐向导使命	☐家庭责任 ☐事业使命	☐夫妻责任 ☐生活使命
023	人生目标	☐健康目标 ☐物质目标	☐家庭目标 ☐学习目标	☐财富目标 ☐成长目标	☐事业目标 ☐梦想目标	☐工作目标 ☐成就目标	☐婚姻目标 ☐家族目标
024	生活信仰	☐精神信仰 ☐党政信仰	☐宗教信仰 ☐金钱信仰	☐佛教信仰 ☐关系信仰	☐基督信仰 ☐商业信仰	☐道家信仰 ☐企业信仰	☐天竺信仰 ☐工作信仰
025	理想生活	☐居家幽静 ☐夫妻和谐	☐收入有余 ☐子女有孝	☐家庭幸福 ☐父母有德	☐事业顺利 ☐身体健康	☐工作顺心 ☐身心健康	☐朋友和谐 ☐财富健康
角码计算公式		总100分，共计60个"☐－角码"，每个"☐"＝1.67分，所得总分：					
个人综合总结							

个人生活素质角码解析

序号	分析系列	详细解析					
026	作息时间	□生活规律 □午时中餐	□工作规律 □上未时休	□六时起床 □申酉工作	□七时锻炼 □戌时晚餐	□八时早餐 □亥陪家人	□九时工作 □周末家欢
027	生活习惯	□穿戴整洁 □步行千米	□作息规律 □禅静半时	□早睡早起 □每日总结	□饮食规律 □每日计划	□坚持锻炼 □节制有度	□每日学习 □热爱生活
028	生活准则	□严于律己 □淡化物质	□不食烟酒 □热爱学习	□不进夜场 □建立目标	□不迷赌博 □积极向上	□花钱有度 □多学技能	□忠诚为人 □遵纪守法
029	生活爱好	□热爱运动 □学几道菜	□热爱生活 □学几首歌	□设计生活 □学几技能	□建立信仰 □必要防身	□每日读书 □交几个友	□多下厨房 □实践计划
030	生活必须	□学会驾驶 □学会文案	□学会演说 □学会思考	□学会沟通 □学会自管	□学会厨艺 □学会理财	□学会穿戴 □了解法律	□学会写作 □了解党政
角码计算公式		总100分，共计60个"□－角码"，每个"□"=1.67分，所得总分：					
个人综合总结							

个人脑络思维角码解析

序号	分析系列	详细解析					
031	个人规划	☐安全规划 ☐事业规划	☐思维规划 ☐人脉规划	☐健康规划 ☐模型规划	☐价值规划 ☐财富规划	☐定位规划 ☐资源规划	☐目标规划 ☐盈收规划
032	维洞之问	☐终极目标 ☐当下问题	☐最大价值 ☐变现资源	☐核心力量 ☐致命弱点	☐盈利模式 ☐人生导师	☐人生规划 ☐生命贵人	☐最大障碍 ☐持盈法则
033	脑络全息	☐是官二代 ☐有强关系	☐是富二代 ☐有大智慧	☐是红二代 ☐有大资本	☐是农二代 ☐有精技术	☐是才二代 ☐有继财产	☐有高学历 ☐有大平台
034	自问反思	☐我要什么 ☐不静思考	☐我有什么 ☐不勤学习	☐谁能给我 ☐不自检讨	☐谁的手里 ☐缺乏规划	☐怎么给我 ☐缺乏理念	☐代价什么 ☐缺少行动
035	定向质问	☐生命真相 ☐怎样生活	☐我真是谁 ☐和谁一起	☐我从哪来 ☐彼此价值	☐我到哪去 ☐成就什么	☐我怎么去 ☐创造什么	☐多长时间 ☐贡献什么
036	生活谨言	☐立位定位 ☐形态体能	☐立德立信 ☐资源资本	☐开悟省悟 ☐检讨感恩	☐格局胸怀 ☐识人用人	☐问题核心 ☐金钱名利	☐机会真相 ☐善恶生死
角码计算公式		总100分，共计72个"☐－角码"，每个"☐"＝1.389分，所得总分：					
个人综合总结							

个人成长关系角码解析

序号	分析系列	详细解析					
037	儿时梦想	☐做个老师 ☐做预言家	☐做个警察 ☐做个商人	☐做发明家 ☐做个作家	☐做个军人 ☐做个明星	☐做科学家 ☐做个诗人	☐做音乐家 ☐做个领导
038	感恩之人	☐我的父母 ☐外公外婆	☐爷爷奶奶 ☐我的领导	☐兄弟姐妹 ☐我的同事	☐我的老师 ☐我的爱人	☐我的同学 ☐红颜知己	☐我的战友 ☐某陌生人
039	讨厌之人	☐我的父母 ☐外公外婆	☐爷爷奶奶 ☐我的领导	☐兄弟姐妹 ☐我的同事	☐我的老师 ☐我的爱人	☐我的同学 ☐红颜知己	☐我的战友 ☐某陌生人
040	圈子之人	☐生命贵人 ☐生活损友	☐最爱的人 ☐生活挚友	☐敬重的人 ☐生意商友	☐害己之人 ☐生活密友	☐患难之人 ☐如兄之友	☐伤害之人 ☐如父之友
041	价值人士	☐省委领导 ☐银行行长	☐市委领导 ☐亿万金主	☐公安局长 ☐名校校长	☐检查院长 ☐演艺明星	☐人大主席 ☐名企老板	☐科研专家 ☐专家名流
角码计算公式		总100分，共计60个"☐－角码"，每个"☐"=1.67分，所得总分：					
个人综合总结							

个人未来憧憬镜像角码解析

序号	分析系列	详细解析					
042	成什么人	□成功商人 □文学家	□政府要员 □诗人	□公职人员 □行业领袖	□演艺明星 □美食家	□公安战士 □艺术家	□慈善家 □科学家
043	向往生活	□依山傍水 □开心快乐	□家庭融洽 □健康平安	□夫妻和谐 □有钱有闲	□生意顺心 □朋友很多	□子女成才 □事业有成	□父母健康 □没有压力
044	五年达标	□成家立业 □存款百万	□工作顺心 □财富千万	□事业有成 □学问提升	□买好住房 □十国旅游	□换好车子 □身体健康	□生儿育女 □家人安康
045	工作事业	□工作顺利 □事业顺利	□工作开心 □蒸蒸日上	□同事和睦 □社会需要	□领导尊重 □国家支持	□下属敬重 □行业敬重	□收入稳定 □同事尊重
046	身心状态	□心灵和谐 □身体健康	□心态和谐 □心态健康	□面容和谐 □生理健康	□五官和谐 □肢体健康	□眼神和谐 □生活健康	□神态和谐 □作息健康
047	言行举止	□口吐莲花 □衣着得体	□面容和善 □言行有节	□形态喜人 □张弛有度	□身材匀称 □爱人爱己	□守时守信 □自尊自重	□举止大方 □举止高雅
角码计算公式		总100分，共计72个"□－角码"，每个"□"=1.389分，所得总分：					
个人综合总结							

第六章

雕琢人生 人生百问

—— 精致的人，都对自己进行过精模化设计

要以精致生活，雕琢不凡的人生。要想拥有不凡的人生，生活就要有仪式感，要用时光去记录生活的点滴。只有好好取悦自己，好好善待自己，才能享受更高品质的生活。

工匠精神是一种开拓进取的创造精神，是一种追求卓越的品质精神，是一种精益求精的服务精神。要用工匠精神去雕琢我们的人生，以执行力去践行和捍卫我们的事业。

人生雕琢匹码表

事项	角码	标码
事业	人生目标定位	实现什么样的人生及价值
	事业目标定位	选定什么行业
	工作目标	做什么定位与角色
家庭	父母	尽孝、赡养与健康
	爱人、孩子	呵护、爱护、勉励、培养及教养
	兄弟姐妹	照顾、互助、携手、榜样
健康	身体、生理、体能	综合达标指数值
	心理	认知力、思维力、理解力
	朋友圈、社交圈、资源圈	正能量指数值
服饰	衣服、裤子	款型、色泽、品质
	鞋帽、皮带	款型、色泽、品质
	饰品	款型、色泽、品质
配饰	手表	款式、品质、搭配度
	提包	款式、品质、搭配度
	饰品	款式、品质、搭配度
技能	计算机、软件	软件和硬件的应用
	写作	公文、软文、散文、图文、图表
	穿戴搭配	款型、款式、色配
文化	生活常识	对日常生活基本常识的了解
	信息获取	获取优质信息的能力
	资源转化	资源转换的能力

事项	角码	标码
体味	身体有无异味	如何处理、及时处理
	有无脚气	及时处理、平时注意环境
	有无腋味	注意处理、及时除味
手包	小剪刀、指甲刀	时常修理自己鼻毛，指甲，倒刺
	干纸巾、湿纸巾	清洁、整理自己
	常用药、创可贴	生活、身体应急所需
网络	网络家园	在互联网上安置一个家
	网络资料库	在互联网建立安全的移动资料库
	网络营销平台	建立网络营销通路及系统
手艺	酒艺	懂得如何品酒、了解酒的常识
	茶艺	懂得如何品茶、了解茶的常识
	厨艺	会炒几个拿手菜
关系	政商人士	有几位靠谱的助力人士
	闺密	几位可交心的密友
	亲人	和谐的亲情
技能	驾驶	最基本的生活技能
	简单家具修理	家具、水电、线路、管道修理
	生存	独立生存的能力
交流	情感沟通	日常生活中的情感交流
	商务谈判	工作中的正常与非正常谈判
	权益	日常与法律中的权益维护和保护

生活细节，彰显教养与品格

做人，不仅要保证人品，更要有良好的教养。你是什么样的人，从细节里就能看出来，因为教养藏在细节里。一个有教养的人，处处都在为他人着想。根植于内心的修养，是无须提醒的自觉，是以自我约束为前提的自由。

教养，源于生活，来自细节，也是一个人身上最为高贵的品质。古人曰："泰山不拒细壤，故能成其高；江海不择细流，故能就其深。"一个人的教养与尊贵都体现在细节中。教养决定着一个人的品行，好品行往往来自好教养的浇灌。

一个人的教养和他的学识、出身并没有必然联系，真正有教养的人，会留意自己在生活中的每一个细节。哪怕心烦气躁，也能克制自己的情绪；即便身居高位，也不会轻易丢掉自己的谦卑。生活中，有教养的人一定不会让人难堪。

契诃夫曾说："在男人身上，智慧和教养最要紧，你漂亮不漂亮，算不了什么！"头脑里没有教养和智慧，即使是美男子，也一钱不值。

教养包括：家教、修养、善良、温暖、自信和自我三观。

教养无须标榜，也很难"伪装"，是渗透到骨子里的一种思维方式，是体现在生活中一言一行的行为习惯，与身份、地位和财富无关。

点点细节，品位人生

1. 别人请客，选地方或点菜最好由请客人选择或者推荐，因为你不清楚别人的预算；如果是你请客，要先询问客人对用餐的地方及菜品有无忌讳。

2. 别人给你看手机照片，你的手指不要上下左右来回滑动，以免触碰到他人隐私，别人也会认为你不懂事。

3. 在公共地方，一定要注意说话声音的音调，言语要注意分寸，行为要大方得体，以免影响到他人。

4. 在别人家里、车里、私密空间以及公共场合，一定要将手机调到禁音、震动或微小声。接打电话时尽量不影响他人，注意控制通话时间，复杂事简单说，简单事简短说。

5. 管理好自己的肠胃，少吃异味大、刺激性食物，避免在狭小的空间里（电梯、车里、办公室、公共地方）放屁。

6. 穿衣打扮要整洁、合身，不花哨、不夸张、不另类，要根据自己体型选择适合的款式，色彩搭配要调和匹配。

7. 他人宴请要懂规矩，未经他人同意，不要随意带朋友。要知道自己座落的位置，知道谁是主宾，最好让朋友安排位置。要懂得餐桌礼仪及说话技巧，明白什么话可说、什么话不可说。

8. 在朋友面前不言论他人是非，不讨论他人人品，不讨论他人好坏，背后多赞许、多认同，有问题当面沟通交流。

9. 在公共场合，如果和他人共坐一张长椅或长凳，脚不要抖动，不随意动来动去，以免影响他人。

10. 与他人用餐，记得用公筷公勺，不用自己的筷子往别人碗里夹菜，尤其不要用自己的筷子去汤菜里夹菜。不在菜盘里翻菜，筷子不要只停在一个菜盘里来回夹。筷头沾上饭菜沫，请用纸巾擦干净，不要放在嘴里咀。用餐时尽量少说话。

11. 在他人家里、车里、办公室、空调房、公共场所等地方尽量不抽烟，即使别人会抽烟，你也要征得他人同意，尤其是有孕妇、小孩、女士在身边的场合更要特别注意。

12. 不随意加朋友的朋友的微信及留其联系方式，除非是你朋友提议你们互加互留，或对方朋友同意后再加。

13. 去朋友家，不管多熟悉，都请带上随手礼。不一定多贵，关键要有这个心，让朋友感觉你是有礼数之人。

14. 跟他人交流说话，尽量保持合适的距离，不要太近，也不要太远。注意保持口腔清洁，不要有异味。如果有重要接待、谈判或交流，不要吃太有异味的食物，比如大蒜、韭菜、臭豆腐等。注意说话语速、语调，不要张口就口沫横飞。

15. 跟朋友喝酒要控制好酒量，不过量、不贪杯、不说酒话、不说胡话、不乱性、不劝酒。邀请朋友喝酒前，要征得朋友同意。

16. 出门之前，做好全身整洁（面部，口腔，头发，指甲，服饰，鞋帽）。修剪指甲、鼻毛、头发。女士要特别注意：夏天穿露肩服时，要清理腋毛；穿短裙长裙低胸裙坐卧蹲时，要保护好私部，防止走光。整洁，既是尊重朋友，也是尊重自己。

17. 晚上 10 点后、早上 8 点前，如果没遇到特殊情况，就不要轻易给朋友打电话、发信息或聊天，尤其是异性朋友（就算再熟），以免影响他人休息，或引起对方及家人的麻烦。

18. 参加重要会议、会客、接待之前，尽量少喝水，少吃生辣食品，饮酒不能过量，避免上厕所、胃不舒服或头脑不清晰等问题。

19. 在正规的场合，如果朋友正在交流，就要少说话、不插话、不抢话，少讨论自己不擅长的话题；注意自己的情绪；管理好自己面部表情和肢体语言；不刻板，不焦虑，自信且自然。

20. 和新朋友交流，不炫耀，不夸夸其谈，注意分寸，不轻视他人，不豪言壮言；遇到问题时，以请教口吻交流。

21. 在歌厅娱乐时，不抢话筒，不跳点单（别人已经点的歌，不要点了自己喜欢唱的去置顶），不跟唱（除非朋友邀请）；平时多练习几首拿手歌，以免一开口就走调，一出口就吓人。

22. 朋友带着漂亮、帅气的朋友聚会见面，就算你再喜欢，也不能把眼光长时间或时不时地停留在别人身上；看人用正眼，千万不可眼珠斜视。

23. 第一个进电梯时，要摁住按钮，等后面的人都进来。出来时，如果你是下级或晚辈，如时间不太急，就等别人出去你再出；如果是弹簧门，不管是拉还是推，都要先出后进。如果身后有人，应主动把门扶好，防止门弹回拍到别人；如别人为自己开门，一定要说谢谢或点头微笑，以示礼貌。

24. 站坐有相，行走有形；捡东西或者穿鞋时要下蹲，不要弯腰撅屁股（尤其是女孩子），否则很不雅观。

25. 上完厕所，一定要冲水；洗完手后，不要随意甩手，以免水甩到他人身上。

26. 不在公共场所当众脱鞋、晾脚、抠脚或捏脚，以免脚气熏天；不随地吐痰或扔东西；不要在旅游景点乱涂乱画。

27. 好朋友之间，最好不要有经济往来（除非遇到非常特殊的困难），很多可贵的友谊都败坏在"钱"字上。

28. 跟朋友一起出去吃饭，都应主动买单，尤其是晚辈或女孩，更不要觉得买单是男人的专属。

29. 在所有的服务场所，服务员都不是"二等公民"，需要别人服务时，请用"请、谢谢"等语言，尊重所有人。

30. 在公共场所咳嗽、打喷嚏、打嗝儿、擤鼻涕时，转身并用纸巾捂住嘴鼻；不在他人面前打呵欠，表现出精神欠佳；吃东西剔牙时，用手或纸巾遮挡住嘴，不让他人尴尬。

31. 跟朋友交流时，不要打探别人隐私，不要讨论他人长短，不要通过贬低别人来抬高自己；别人输入密码时，应自觉避开。

32. 开车过斑马线时，主动礼让行人；夜晚开车，不要滥用远光灯；雨天开车，路过水坑时记得减速，尤其是有行人在时更要特别注意；如果车上有领导、朋友或小朋友，路过减速带时，要减速慢行；不要随意鸣喇叭，不要随意超车，走自己的路线，保持安全车速。

33. 上公共厕所，讲公德，上完后要立刻冲洗马桶，蹲便更要冲洗干净，上厕所前先检查纸盒是否缺纸巾；洗手后勿直接用手触碰关水龙头，要用一张纸盖住扭头再关。

34. 和人约会，遵守时间，不迟到，尽量提前到场等候；和朋友说事，不讨论无关话题，不岔话题，有事论事，尽量聚焦。

35. 开会守纪律，不迟到，不早退；会议期间不该你发言不要说话，做好笔记；会前做准备，会中抓要点，会后做总结。

36. 和朋友一起看电影或看电视剧，若朋友没请教，不做独立解说员，不做评论员，请保持安静，少说话或不说话；一起看搞笑片，不要笑得太过夸张，以免失态，影响他人。

37. 多人用餐，长距离夹菜时要站起来，用自己的碗碟接住，不要让食物汤汁滴落在桌上或其他菜盘里；手动转转盘时，速度不要太快，注意是否有人在夹菜添汤。

38. 同桌用餐，对方若是年长者、长辈或领导，敬酒时应压低自己的杯沿，以示尊敬；敬酒时，站在其左边；斟酒时，不可斟太满。古语曰："茶满溢人，酒满欺人，洒酒气人。"

39. 同高素质群体用餐，将目光所及比较美观的那个位置留给较为重要的人；为同桌的女士、领导、长者或幼者拉开座椅，主动服务，根据其需要，为其增添茶水饮料。

40. 出门请带干湿纸巾，方便清洁手脸，也可用于擦鞋；与他人握手前，先清净手，尤其是夏天容易出汗。

41. 请勿将你养的小动物（小猫、小狗、小鸟等）带进别人家里、办公室、车里、会所等。如有需要，要提前征求朋友的意见，因为有的人天生对小动物过敏，你也不知道别人是否喜欢。

42. 朋友邀请你去参加比较正规的聚会，若带孩子一同参加，要提前对其做好教导与叮嘱，以免影响他人。

43. 在餐桌上，勿将自己喝过的酒倒进朋友杯里，也不要喝朋友喝过的。因为你不知对方是否忌讳，也不知道对方的身体状况。

44. 自己的车内部和车身随时保持干净卫生，养成良好的生活习惯，给朋友留个好印象，方便朋友随时坐你的车。

45. 不管是开自己的车，还是开朋友的车，都请注意安全第一，要严控车的驾驶速度，尽量避开大货车，不与之并行。

46. 出门最好携带水杯，用自己的杯子盛水；少用公用水杯，以免感染或传染；随手携带水杯，防止遗忘或丢失。

47. 车内备放一个小型行李箱，里面放一两套衣服、鞋及生活必需用品和急需药品，再准备一个微型的蒸汽熨斗（以备不时之用）。

48. 外出时准备一个微型备用应急手机，装上移动网卡，保持畅通和充满电量（平时置于关机状态），以备不时之用。

49. 男女夏天都不要穿太紧的裤子，以免别人见了尴尬，自己也会感到不舒适；女孩尤其不要穿太低腰的裤子搭配超短内衣，以免露出小腹、后背、后腰和肚脐，招惹不必要的麻烦。

50. 身上随身准备几个红包，以备不时之用（生活中会遇到很多需要帮助的地方，都要表示感谢）。时间长了，你就会发现，其实身边所遇之人都很好，对你微笑的人也会越来越多。

51. 不要对外轻易展示你的各种身份证件信息，以防被不法之人盗用。需要对外传身份证件时，要在复印件正面右上角注明本次用途简短说明，并签上姓名与日期。

52. 出门在外，会遇到很多诱惑，不要贪图小便宜。即使关系再熟悉的，也要注意分寸距离，这样有利于友谊长存。

53. 不要把身份证、银行卡、密码资料等相关证件照片存放在手机里，避免手机不小心遗失给自己带来不必要的麻烦。

54. 电脑里的相关资料很重要，随身携带也不方便，可以在云存空间申请一个大容量存储盘，或通过手机随时随地下载查阅，也防电脑损坏或丢失而导致资料遗失。

55. 和朋友聚会，尽量不要讨论对方家事，不要谈论他人，不要说长道短（即使你对他人很不满意，也不要背后说他）；背后议论人很不道德，不要因为一时嘴快而给自己引来麻烦。

有的人活得很累，问题到底出在哪？

一、自我能力有限，没人开导，父母、兄弟姐妹等都能力不强，无法为你提供帮助；不喜欢学习，不求上进，缺乏敬业精神；没有生活信念，缺少人生信仰。

二、想做某件事，却缺乏经验，只能自己苦苦摸索，不善于请教，不善于总结；即使有方案，也不懂可行性论证分析，试错成本太高，只要错一步，就可能欠下巨债。

三、想法过于顽固，做事、说话太过直接，不会拐弯，听不进他人的意见；总是匆忙低头"赶路"，不喜欢抬头"看路"，看不清人生方向，没有长远计划与终极目标，只盯着眼前的小利或一小块的土地。

四、间接性踌躇，持续性混生活，浪费人生时间，眼高手低，既无法忍受现状，又无力改变这一切。如此反复，日复一日，年复一年。

五、不研究国家政策，不研究国际形态，不研究社会发展方向，不研究新技术和新科技的发展变化，不看新闻，不懂趋势；在某个领域，不是特别专业……所以，就算遇到机会，也抓不住。空有一身的抱负，却找不到施展的机会。

六、没有人生规划，没有人生目标，没有学习精神，没有人生导师；不懂自我检讨，不懂人际关系，不懂约束自己，不懂把握机会；不会弯腰，不会低头，不会说话，性格古怪。

你为何总是赚不到钱？

一、你做的事离钱的距离比较远，没在核心经济圈；

二、你没对你的"产品"进行价值梳理；

三、你没规划客户可快速到你流量入口的安全路线；

四、你没对客户的价值需求进行精准分析；

五、你缺乏顶配资源，没在上层人际圈做服务；

六、你没做"产品"的 IP、标签设计及价值定位；

七、你的赚钱逻辑不够清晰，行动计划不够精细；

八、不懂教育，不会说话，不会沟通，付出不多；

九、不懂资源优化，不懂资源匹配，不懂钱、权、名的设计；

十、不懂人性，凡事都认真到底，把黑白分得太清晰。

如何快速解决自身问题？

一、优化你的知识结构，提升你的专业技能

二、整理你的人际关系，升级你的社会认知

三、提炼自身核心价值，提高思想纬度认知

四、做精细的人生规划，诚拜行业顶级导师

觉醒人生一百问

001. 我的终极目标是什么？

002. 我的终极使命是什么？

003. 我的精准定位是什么？

004. 我的事业定位是什么？

005. 我的职业定位是什么？

006. 我的出身背景如何？

007. 我的教育背景如何？

008. 我的资源背景如何？

009. 我的核心价值是什么？

010. 我有无天赋异能？

011. 我最大的优势是什么？

012. 我最大的缺陷是什么？

013. 我生命中的贵人是谁？

014. 我的人生导师是谁？

015. 我的盈利模式是什么？

016. 我有无持续盈利的法门？

017. 我有无管道收入？

018. 我的逻辑思维力如何？

019. 我的执行力如何？

020. 我对事物的分辨力如何？

021. 我为谁提供服务？

022. 我能提供什么样的服务？

023. 我为谁创造价值？

024. 我能创造什么样的价值？

025. 我能被利用的价值是什么？

026. 我想要什么？

027. 我要的东西在哪里？

028. 我要的东西掌握在谁的手里？

029. 别人为什么要给我？

030. 我拿什么去交换？

031. 我有什么？

032. 我有的东西有什么价值？

033. 我有的东西能变现吗？

034. 我的价值卖给谁？

035. 别人为什么要买我的价值？

036. 我现在最大的障碍是什么？

037. 我该如何去解决？

038. 多快时间能解决？

039. 如果不及时解决会有什么后果？

040. 谁能帮我化解当下危机？

041. 我性格的致命弱点是什么？

042. 我的自控力如何？

043. 我的人格魅力如何？

044. 我的沟通能力如何？

045. 我的演说能力如何？

046. 我的朋友圈层如何？

047. 我有几位能真正交心的朋友？

048. 我有几位能一起做事的朋友？

049. 我有几位能患难与共的朋友？

050. 我该如何跨越阶级阶层？

051. 我是否具备制定游戏规则的能力？

052. 我有无自己的事业平台？

053. 我有无自己的演绎舞台？

054. 我有无支撑自己体系的系统平台？

055. 我有无化解重大危机的能力？

056. 我的十年规划与目标是什么？

057. 我的五年规划与目标是什么？

058. 我的三年规划与目标是什么？

059. 我的一年规划与目标是什么？

060. 我今年的经济总目标是多少？

061. 我的健康状况怎样?

062. 我的经济状况怎样?

063. 我的家庭状况怎样?

064. 我的婚姻状况怎样?

065. 我的生活状况怎样?

066. 我定位于什么行业发展?

067. 我在所选行业处于什么状况?

068. 我在所定行业有什么优势?

069. 我所选行业未来发展前景如何?

070. 我为何要选这个行业?

071. 我的生活教练是谁?

072. 我的事业教练是谁?

073. 我有什么核心技术?

074. 我必须要提升的地方有哪些?

075. 我每天有多少时间用于自我提升?

076. 我在哪个领域相对专业?

077. 我的专业有多少利用价值?

078. 我的专业能为我创造什么?

079. 我在所在的领域里资源如何?

080. 我在熟悉的领域里有无话语权?

081. 我在朋友眼中的形象如何？

082. 我的个人 IP 价值是什么？

083. 我的个人品牌标签是什么？

084. 我人生的经典故事有几个？

085. 我的人际关系如何？

086. 我每天大部分时间在做什么？

087. 我每天都和谁在一起？

088. 我们在一起讨论的是什么话题？

089. 我每天收集的是什么信息？

090. 是谁传递给我的信息？

091. 我该如何立位自己？

092. 我该如何实现自己的人生目标？

093. 我该如何建立人生使命？

094. 我要如何发觉自己的天才领域？

095. 我要如何打造自己的个人品牌？

096. 我要如何实现自己的人生价值？

097. 我该如何制定人生的阶段目标？

098. 促使我前进的动力是什么？

099. 我的人生该如何科学精准地规划？

100. 我要找谁帮忙做人生系统规划？

第七章

人生谨言

—— 人生，用智慧把潜能发挥到最大，以高维把生命延续到极致

人生，只有单程车，没有回程票，过去的已经过去，不要回首；哪里存在，就在哪里绽放。做人，内心要有一份内敛的不声不响、急迫中的不紧不慢，还要有一份尴尬中的不卑不亢。

生命本是一场有无的轮回，静静感悟，便能抖落岁月的尘埃，清掉生命的青苔。以一颗无尘的净心，还原生命的本真；以一颗感恩的暖心，对待生活的所有。谨言谨句，升华思维格局，证悟人生真理，开启生命的高维智慧。

一个人
能让自己静下来思考
是一种顶级的人生智慧

一个人
把自己经营好
人生便是在修行

人生
能用智慧把潜能发挥到最大
便可以高维的能量把生命延续到极致

人
只有让生命觉醒
才能活出高品质的人生

谨言一 —— 立位

立位君俯天下观　　定位众揽世界局
立位天地知本尊　　定位谋局定当下
人生立志先立位　　事业定位须懂行
人生立位何舞台　　人生定位何角色

谨言二 —— 立德

有眼能辨天下色　　有口能言天下事
有鼻能闻万物味　　有耳能悦万物音
有志终为贤人谨　　有才唯立修德仁
善心可融天下爱　　善德方能天下行

谨言三 —— 立信

信乃立身之根本　　无信则而不立之
君子弃欲之保洁　　义者以德仁报恩
愚者无道失敬畏　　智者有德立家门
立言立语立形态　　信天信地信祖德

谨言四 —— 立志

品志品正品智者　　立身立命立远方
志以言之志以信　　言以德之信以德
大智于芸芸众生　　小智于滚滚红尘
论志不在真年少　　人富于志立在心

谨言五 —— 开悟

觉醒者方能开悟　　开悟者方增智慧

悟道者方能得道　　真智者方显大德

生命轨迹源于天　　生命终结归于地

无极心向真和道　　开智悟理化愚思

谨言六 —— 格局

高度决定第一　　　角度构建唯一
战略改变格局　　　立位决定地位
心向宇宙天下观　　意境天地世界局
人无智慧不人生　　人无格局不智慧

谨言七——自律

遵从于言行自律　　遵从于时间自律

遵从于工作自律　　遵从于饮食自律

自觉遵循于法度　　自觉遵循于心度

自律是人格力量　　自律是人格信仰

谨言八 —— 胸怀

胸襟豁达人品高　　胸怀洒落风霁月
直抒胸臆怀壮志　　人生写意行胸怀
世界高度看人生　　时空纬度看未来
大海量度容万物　　道径横向证生活

谨言九 —— 敬畏

大德者敬畏天地　　修为者敬畏自然
有道者遵循规律　　涵养者敬畏道德
守约者敬畏分秒　　守信者敬畏言行
信律者敬畏宪法　　信仰者敬畏灵魂

谨言十 —— 自检

检讨自身不良习　　检讨自身坏脾气
自检平时多语言　　自检做事不仔细
自检人生不努力　　自检工作不认真
自检不遵时间点　　自检缺乏价值观

谨言十一 —— 形态

仪容形态的塑造　　标签形态的打造
服饰形态的定造　　穿戴形态的构造
言行举止的形态　　精神面貌的形态
内在气质的形态　　综合素质的形态

谨言十二 —— 体能

现体能状态如何　　现身体素质如何
现健康指标如何　　现身体机能如何
健身时间有多少　　休息时间有多少
如何做体能测评　　如何做健康规划

谨言十三 —— 和合

天地和合万物苏　　阴阳和合太极行
生态和合空气好　　自然和合飞禽鸣
国家和合百姓笑　　社会和合百业兴
人人和合家庭和　　内心和合脸悦色

谨言十四 —— 认知

认知是一种能力　　认知是一种智慧

认知是一种专业　　认知是一种态度

认知决定价值观　　认知决定世界观

认知决定生产力　　认知决定高维力

谨言十五 —— 学习

学习智者的智慧　　学习愚者的人生
学习成者的经验　　学习败者的教训
要学会自我改变　　要学会逆境生存
要学会生活常识　　要学会专业技能

谨言十六 —— 真相

预知万物之真相　　　必悉万物元循环
生命真相是基因　　　命运真相是智慧
家庭真相是和谐　　　夫妻真相是互谦
财富真相是价值　　　传承真相是血脉

谨言十七 —— 核心

我有何核心思想　　我有何核心价值

我有何核心技术　　我有何核心优势

核心资源是什么　　核心事业是什么

核心朋友有几位　　核心盈利在哪里

谨言十八 —— 时间

人生公平在时间　　用之结果差异大
智者分秒是价值　　愚者一生皆废之
物质变化分秒计　　宇宙运动持续之
世间宇宙乃天地　　分分秒秒年月日

谨言十九 —— 能量

有形质量为度量　　无形力量为能量

表征物理皆做功　　焦耳尔格粒子核

生命能量于修炼　　智慧能量于觉醒

修行高维高能量　　德行高者大能场

谨言二十 —— 智慧

自我觉醒真智慧　　开智他人大功德
梵语般若既聪才　　生命志达思创力
智慧之道脱囚禁　　觉醒力量通真理
至高真理独证德　　躬身践行显价值

谨言二十一 —— 驾驭

战马受缚于马缰　　王者服务于君臣
英豪诚服于智者　　智者服务于社会
张载为天地立心　　横渠为生民立命
御驾先必为真龙　　驾驭先必为真智

谨言二十二 —— 领袖

战略者指导方向　　思想者引领未来
想世人者之所需　　做社会益人之事
领袖者言传身教　　领袖者责任担当
领袖者天赋使命　　领袖者叱咤疆场

谨言二十三 —— 楷模

谁是我生命楷模　　谁是我生活楷模
谁是我为人楷模　　谁是我为事楷模
我是家族的楷模　　我是孩子的楷模
我是朋友的楷模　　我是时代的楷模

谨言二十四 —— 修为

大善之人爱众生　　大德之人高修为
大智之人胸心阔　　大爱之人人爱之
与世界相通相遇　　与世间相融相蚀
如不辱圣哲使命　　自为与众生相聚

谨言二十五 —— 情绪

脸面翻译着情绪　　情绪呈现出内心
内心承载着修养　　修养彰显出德行
情绪是你的媒介　　情绪是一种态度
情绪是维度张弛　　情绪是心境认知

谨言二十六 —— 识人

谁是我生命恩人　　谁是我生命贵人
谁是我人生导师　　谁是我命运灵魂
提防身边假仁者　　拒交生活灾难人
背叛教会你独立　　小人教会你忠诚

谨言二十七 —— 贵人

生命贵人是父母　　生活贵人是家人
人生贵人是导师　　陪伴贵人是爱人
工作贵人是领导　　生意贵人是顾客
传授思想真贵人　　帮你过关大贵人

谨言二十八 —— 感恩

感恩是人生哲学　　感恩是生活智慧
感恩是怀欲报之　　感恩是恩德戴义
普利茅斯感恩节　　源于北美英殖地
滴水之恩涌泉报　　衔环结草恩报德

谨言二十九 —— 机会

世俗人交不论志　　逐虚者道不为谋
弱者之坐失良机　　强者之制造时机
智者创造多机会　　愚者设置陷阱坑
如何捕捉真机会　　如何规避大陷阱

谨言三十 —— 问题

生命中有何问题　　生活上有何问题
关系上有何问题　　法律上有无问题
当下最急何问题　　如何解决此问题
问题产生何缘由　　谁能帮我解问题

谨言三十一 —— 办事

我办事效率如何　　我办事态度如何
我办事过程如何　　我办事结果如何
如何办好一件事　　如何办成一件事
如何把坏事办好　　如何把差事办好

谨言三十二 —— 布局

人生之局如何布　　事业之局如何开

局中会有哪些事　　事中会有哪些局

局中会有哪些人　　人又会布哪些局

如何谋局再设局　　如何开局再解局

谨言三十三 —— 品牌

我有无个人品牌　　我有无个人标签

如何建个人品牌　　如何贴个人标签

我有无价值品牌　　我有无值钱标签

品牌核心是什么　　品牌特征是什么

谨言三十四 —— 资源

我有无可用资源　　我有何可靠资源

有无有价值资源　　有无能增值资源

能掌控多少资源　　能调配多少资源

如何去优化资源　　如何去转化资源

谨言三十五 —— 盈利

我有无盈利系统　　我有无盈利体系

我有无盈利项目　　我有无盈利方式

靠什么项目运营　　靠什么模式获利

如何建盈利模型　　如何建持续收益

谨言三十六 —— 因果

无因则不能生果　　有果则必有其因
宇宙法则皆规律　　世间一切有因果
点面构成世界体　　人生何处不相逢
莫以善小而不为　　莫以恶小而为之

谨言三十七 —— 得失

出生无一物而来　　走时无一物而去
人生不过几十载　　生来便开始索取
智者不计得与失　　记得太多伤自己
命里有时终须有　　命里无时莫强求

谨言三十八 —— 金钱

金钱货币皆经济　　原本都是价值体
金钱本是核武器　　经济就是一游戏
金钱对我何价值　　一切呈现皆本质
人生游戏皆金钱　　用错可能伤自己

谨言三十九 —— 名利

淡名泊利以明志　　宁己静思而致远
众者莫言名与利　　悟道名利是身仇
少欲心静则修身　　俭而养德则事简
我静何而以解名　　我心何静以解利

谨言四十 —— 生死

人生皆来有生死　　看淡得失皆无忧
天上而来地下走　　人间轮回谁能留
生生世世谁是谁　　谁是谁的生生世
人生有限光阴少　　驻时当下知乐愁

谨言四十一 —— 善恶

人负我因果不负　　人欠我天为还之

善因善果结善缘　　恶因恶果天诛之

善果之报如随影　　人生做事留后径

人为善祸已远离　　人为恶福已远去

谨言四十二 —— 命运

命是大树运是土　　长大需靠光雨露
空气水土加养分　　参天须经暴雨风
思维成就思想体　　思想变成语言系
习惯变为行动型　　性格铸就命运体

谨言四十三 —— 聚焦

聚焦光点的汇聚　　聚焦粒子的汇聚

聚焦思想的汇聚　　聚焦时间的汇聚

聚焦能量与精力　　聚焦财力与资力

聚焦一切好资源　　聚焦一切高智慧

谨言四十四 —— 规则

宇宙运转有规律　　事务遵循有法则
行事做事讲规则　　人与人间有原则
办事结果有准则　　自束自规自立则
明规潜规加元规　　一切均为秩序则

谨言四十五 —— 奢侈

有一颗感恩的心　　有一张微笑的脸
具有自信的态度　　拥有高贵的灵魂
几位共难的兄弟　　几位生活的知己
与家人天伦之乐　　与自己豁达沟通

谨言四十六 —— 投资

投资自己的脑袋　投资自己的环境

投资自己的视野　投资自己的圈层

投资自己的文化　投资自己的教养

投资自己的健康　投资自己的生命

谨言四十七 —— 借力

借力智者的思维　借力强者的能力
借力能者的专业　借力成者的经验
借力他人的资源　借力平台的力量

谨言四十八 —— 说话

知道什么时候说话　　懂得什么时候闭嘴

知道什么话可以说　　懂得什么话不可讲

知道说话的音和调　　懂得说话的快和慢

知道说话的主与次　　懂得说话的尊与卑

谨言四十九 —— 风水

好语言自带好风水　　好行为吸引好风水
好人缘带来好风水　　好心态暗藏好风水
一流的风水是付出　　最佳的风水是行善
最好的风水是容态　　顶级的风水是慈悲

谨言五十 —— 价值

我有什么核心价值　　我能呈现什么价值
我有什么利用价值　　我能创造什么价值
我的人生价值是什么　我的生命价值是什么
我有何可转化价值　　如何提升我的价值

谨言五十一 —— 是非

一个福报不够的人　　听到的常常是是非
一个福报修够的人　　从来都听不到是非
一个自损福报的人　　常传播流言与是非
一个积攒福报的人　　会终止流言与是非

谨言五十二 —— 如水

女人如水千般娇　　男人如水洪荒量
世间万物水为灵　　自然规律水平衡
水遇极寒便为冰　　硬似利剑可封喉
水遇极热化蒸气　　承舟载舟亦逆舟

谨言五十三 —— 管理

如何进行自我体形管理　　如何进行自我健康管理

如何进行自我颜值管理　　如何进行自我价值管理

如何进行自我言行管理　　如何进行自我时间管理

如何进行自我体能管理　　如何进行自我关系管理

谨言五十四 —— 表达

表达是一种能力　　表达是一种水平

表达是一种态度　　表达是一种智慧

表达是传播思想　　表达是传播文化

表达是落实行为　　表达是以期共鸣

第八章

智慧微语

—— 用穿透生命的语言启迪人生，引人生走向爱的高峰

　　人生，有感慨也有喜悦，有低谷也有高峰。人的一生就是一个不断自我修炼的过程，一切皆是经历，一切皆为成长。所遇之人，所遇之事，都是为了让你一步步变成更好的自己。

　　用穿透生命的语言，激发内心的潜力，提升能量，将人生引向爱的巅峰。最美的你，不是生如夏花，而是在时间的长河里，波澜不惊，绽放惊艳。

微语一百

微语一 —— 爱

爱是宇宙间最强大的、看不见的但能感受到的正能量。它和谐、包容、滋润万物。小爱爱自己、爱家人；大爱爱国家、爱周围的所有人；发出的爱越多，收获的爱就越多。正所谓："爱出者爱返，福往者福来。"

微语二 —— 学会爱、超越爱

人生，除了病痛和伤害外，感受到的痛苦，都是由你的价值观所带来。其实，它并不是真实的存在。人这一辈子，既没有永恒的生命，也没有不老的青春。所以，要学会爱、超越爱、释放爱，去重塑高贵的生命。

微语三 —— 最好的放生

世界上最好的放生就是放过自己，低眉前世断，抬眼另重开。不要和往事过不去，因为它已经过去；不要和现实过不去，因为你必须要过去；不要和未来过不去，因为你还要过下去。

微语四 —— 正确的沟通

这个世界最残酷的事情是：不是你没有钱财、没有学历，而是你根本没有表达与沟通的能力，不在正确的沟通中取胜，就会在错误的沟通中灭亡。

微语五 —— 让雄狮醒来

生活，就是一边在失去一边又拥有，你在影响谁，谁又在影响你！总有一种力量，能够激发出沉睡于内心深处的那头雄狮，让它瞬间醒来！

微语六 —— 圣洁的灵魂

深情的一吻，绿了青山，醉了深秋，羞了十月；用你那纯净的心灵和干净的眼睛，去看那圣洁的灵魂。

微语七 —— 雕塑人生

不抽时间来设计与打造自己的人生，就得花费大量的时间去应付自己那不想要的生活。人生，所有的惊艳都来自自我的不断成长与长久努力，所有的幸运都来自持续不懈的坚持！

微语八 —— 珍惜当下

人生，总有太多的来不及，一眨眼就是一天，一回头就是一年。你所浪费的今天，是许多人奢望的明天；你所厌恶的现在，是未来的你回不去的曾经。人生最可悲的事情，莫过于你胸怀大志，却又在虚度光阴。时间最公平却又最残忍，你将它荒废，它必定给你不想要的答案。

微语九 —— 人生必须去经历

真正的成功是不能复制的，因为它是由天时、地利、人和等因素构成。但成功者身上的素质和基点可以复制，如个人修养、济世情怀、努力学习、成就他人等。佛说，智慧不可赐，需要我们自己去经历磨难、磨炼身心、历练身段，让思想得到成长和升华。

微语十 —— 从容与自然

人生，其实是一场灵魂的修行，花开花落缘起缘灭，皆是规律。释怀芬芳，划过岁月的拐角，便能落在安然的心空。繁华看尽，蓦然回眸，才能明白生命的真谛是从容与自然。心若有爱，一锅一灶皆情暖；心若有梦，一草一木皆诗意，一花一叶皆菩提。

微语十一 —— 惊喜和好运

世界上所有的惊喜和好运，都是人品和善良的累积；任凭世间风雨琳琅，如果你还依旧眉欢笑语，迎接你的将是诗一般的美丽。真正让人走运的是布施与大爱、严谨与自律；世界上最幸福的事，莫过于经过一番努力后，所有东西慢慢变成了你想要的样子，那也是人生努力与善良后的自然规律。

微语十二 —— 高度的自律

向内而求，你会觉醒；向外而求，你会做梦。要想改变，必须做到高度的自律，改掉自己身上的不良习惯与痼息。努力提升自身的修养，努力提升自己的综合素质，终结一切让人讨厌的不良习惯，做一个受欢迎的人。让自己进入更高层的人际圈，去贡献价值，去被人需要，成功一定属于你！

微语十三 —— 未来 10 年

未来 10 年，数字技术将重新定义世界。制造业、服务业、零售业、金融业、健康业等，新的技术、新的资源会逐渐演变；数字经济不是颠覆你，而是重新定义你，整个组织形态都会发生质的变化，都会"数字化、资源化、全球化"，如果你不改变，只会被边缘化。

微语十四 —— 正常的人是疯子

当世界不再需要你时，你只能活在自己的梦里，让梦来弥补你所有的痛苦；在梦里成为剧情真正的主角，你努力地想要融入这个世界，但这个世界根本不会理解你命运的悲剧。怎么办？只有疯了，才能在疯狂的世界生活。

微语十五 —— 远离有认知障碍的人

若想真正成功，就要少和有人格缺陷和认知障碍的人来往，更要和思想贫穷与价值观贫穷的人保持绝对的界限。因为这类人群的三观价值基本上都有问题。

微语十六 —— 跳出原来的圈子

如果你的圈子里都是层面较低或经济条件较差的人，你又想快速成功，就要设法换个环境，且暂时远离这些人，因为他们都会用他们的认知去教育你，他们说的话虽是为你好，但那是超出他们认知的选择，而这种选择只会让你过上和他们一样的生活。

微语十七 —— 人类命运共同体

什么是人类命运共同体？是以文明的交流超越世界的隔阂，以文明的互鉴超越文明的冲突，以文明的共存超越文明的优越。今天的国际形势是人类文明与世界秩序的重建。

微语十八 —— 要有自己的价值

你的价值与背景决定着别人对你的态度，没有真正的价值与实力，认识谁都没用。你之所以会被冷落，主要是因为你已经没了被利用的价值。

微语十九 —— 忠诚是一种选择

变心是一种本能，忠诚却是一种选择；智者知幻便离，愚者以幻为真。真经不在西天，而在路途；真祖不是如来，而是自我。欲望和执念乃真妖精，觉醒和善行乃真佛陀。

微语二十 —— 对问题深度思考

你过去所犯过的错，都是神在考验与指引你，而非定义你。所谓深度思考，就是不断地去发现和思考问题出现的本质是什么，直至找到解决问题的方法。

微语二十一 —— 与万物和解

一个人最顶级的智慧是什么？是懂得和解。与敌人和解，与朋友和解，与亲人和解，与自己和解。语气决定运气，人与人之间的误解，往往不是因为词穷，而是因为词不达意；对自己最好的爱，是不让情绪堵在身体里！无论你正在经历什么，都应该对自己好一点。

微语二十二 —— 好命在于修道

钱的背后是事，把事做好，钱自然会来；事的背后是人，把人做好，事自然会成；人的背后是命，把生命的维度修好，自有好运；命的背后是道，怀有一颗助人的心，就是自然的道。

微语二十三 —— 品牌资产

个人品牌是无形资产，财富是有形资产，要想出人头地，就要经营和挖掘自己的无形资产，把无形资产变成有形价值资产。

微语二十四 —— 谋生和谋爱

人的一生无非是在做两件事：谋生和谋爱。没有钱，委屈肉身；没有爱，折磨灵魂。好好做事，营养肉身；好好做人，丰满灵魂。不经历世间百态，怎能修得人生真经？

微语二十五 —— 自我救赎

如果不能自我救赎，那必须做到高度自律；你过去所犯过的错，都是神在考验与指引你，而非定义你；陪同自己，回归真实自我；睡前原谅一切，醒来便是重生。

微语二十六 —— 痛苦的根源

人生，一切痛苦的根源，都是因为自己不够强大；一切关系的枯萎，都是因为自己失去价值。高维的价值模型，可以让人的身价无限增值；顶层的思维格局，可以让心海纳天际。

微语二十七 —— 内心纯洁

对于一个人来说，最好的状态是什么？是眼里写满故事，脸上却不见风霜。只要你心灵干净，就能遇见世间最美的风景；只要你内心纯洁，就能遇见世间最美的人。

微语二十八 —— 认知决定未来

你的认知边界决定着人生的天花板，在不熟悉的领域，就要懂得借智、借势、借资源，把自己过去的成功经验复制到今天，失败的概率会超出你的想象。曾经的认知塑造了我们现在的样子，现在的觉醒正在创造你未来的价值。

微语二十九 —— 正确学习

正确学习，就是给你一个与强者拉近距离的平等机会。和他人公平竞争，不靠家境，不靠父母，靠学习去改变自己的思维和命运。学习最大的意义是超越过去的自己，要把持续与智慧地学习当成生活习惯，让脑袋先富有，让观念先值钱。

微语三十 —— 让时间更有价值

你能让时间更有价值，时间就会让你的生命更有意义。把生命融入高维的灵魂，如果不能做到自我救赎，就必须做到高度的自律。

微语三十一 —— 财富是什么

财富是什么？财富是人类思考能力的一个特殊手段，也是度量智慧的一个产品标码。创业是什么？就是释放你的能量、重拾你的尊严。不能让自己的想法有了边界和天花板。

微语三十二 —— 把能量留给需要的人

不要和消耗你的人在一起，一定要将自己的能量留给真正需要的人；也不要去消耗别人，因为任何人的能量都有限。有的人一生都唤不醒，但你一定要做个清醒的人。

微语三十三 —— 你的言行就是一个能量场

我们必须得承认，30 岁之后，如果不自律，你的形象基本上就只能靠人民币去支撑，这不是鸡汤，而是自然规律。未来的命运，主要取决于你对自己的管理力、成长力、敏锐力、觉悟力。人的言行就是一个能量场，会将相同特质的人和事吸引过来。

微语三十四 —— 对未来正确认知

大量信息的掌握，才是正确决策的基础；要想驾驭财富与收获当下，需要对未来正确认知。比储蓄更重要的是，对未来进行正确投资，最聪明的理财是不断提升自我认知与价值。

微语三十五 —— 财富都是认知变现

你拥有的财富都是认知变现，赔掉的钱则是认知障碍或认知缺陷。认知会限制了我们的想象力，而圈层与阅历又会限制了我们的认知高度。

微语三十六 —— 人最怕什么

修得一颗感恩心，保持一张微笑的脸，你的运气便不会太差，还可以发生质的改变。人最怕什么？最怕深交后的陌生，认真后的痛苦，信任后的利用，温柔后的冷漠，以及亲朋间的误解。

微语三十七 —— 不把自己定格

只有自己变得足够优秀、足够强大，人生不被他人定局，才能给世俗之人一记狠狠的耳光。你要找一件喜欢的事，而不是找一个依赖的人。在这个世上，没有谁能定义你的人生，除了自己；也没有谁能把你定格。人有千百种形态，都不如你忠于自己的心中模样。

微语三十八 —— 对未来正确认知

人生的答题没有橡皮擦，只要写上去，就无法更改。吃别人所不能吃的苦，做他人所不能做的事，就能享别人无法享的福。人生的剧本都由自己编写，何必把剧情写得那么苦！

微语三十九 —— 智者才是真正的王者

道是自然，德是规矩。我们之所以会感到痛苦是因为总是在追求错误的东西。放下执念，就能开始修行；何时放下，何时就能少了烦恼。宽恕众生，才能生长智慧；懂得放下，才能得到真正的快乐。王者都是服务于他人，智者才是真正的王者。

微语四十 —— 活出人生经典

每天多进步一点，就能拉开你和他人的差距。不要总是想去做生活的强者，要做适合生活的人，才能收获真正的快乐。在这个世界上，最公平的是时间，每个人都只有 24 小时，差别只是如何应用。你不相信努力和时光，时光首先就会辜负你。

微语四十一 —— 内外兼修才是魅力之影

一见钟情不过见色起意，日久生情不过权衡利弊；折于物质，败于现实。外在叫勾引，内在叫吸引。一个人，内外兼修才是魅力之影。

微语四十二 —— 未来已来

科技正在将世界链接，你能否正确预见未来？智者是站在未来看现在，慧者是站在现在看未来。在这个万物互联的世界，不管你信不信，未来已来，能预见，方能遇见。

微语四十三 —— 智者高瞻远瞩

智者高瞻远瞩，慧者掌控当下；创新引领发展，思想决胜千里；战略改变格局，定位决定地位；专业决定高度，融合决定速度。未来你能达到怎样的境界和高度，主要取决于你遇到的人和读过的书。因为他会改写你的命运，重塑你的价值，升华你的人生。

微语四十四 —— 好酒醉人生

一瓶好酒，只有遇到懂得品味它的人，才算完成了它真正的使命。一个男人，只有遇到真正懂他的女人，才能激起他霸业的雄心。一个女人，只有遇到真正疼她的男人，才能收敛她战斗的野性。有家有故事，好酒醉人生。

微语四十五 —— 富裕的思维

贫穷的思想，装满的都是抱怨和算计；富裕的思维，抒写的都是付出和感恩。

微语四十六 —— 学识渊博不是为了征服别人

学识的渊博，不是为了征服别人，而是为了看清自己的渺小；财富的丰厚，不是为了炫耀奢华，而是为了增加扬善与担当；地位的显赫，是为了率众前行，而不是为了孤芳自赏。

微语四十七 —— 人生的五天

吸取了前天的教训，便积累经验；知道了昨天的错误，叫知错就改；完成了今天的工作，叫执行到位；拟好了明天的计划，叫目标规划；明确了后天的目标，叫计划前进。

微语四十八 —— 把握生命的阳光

万事皆有裂痕，那是阳光进驻的地方；人生皆有起伏，那是生命编织的交响。把握生命的每一个瞬间，才能感受人生的每一段精彩。

微语四十九 —— 大道至简的人生信念

一个人最高的品行，是恪守至高无上的人生准则；一个人最大的幸福，是明白大道至简的人生信念。做人，最高的境界是宽容与厚道；做事，最高的境界是安全与用心。

微语五十 —— 不期而遇的相遇

有些生命会努力地活在自我的世界里，委屈自己，然后再努力忘掉委屈，忘掉自己，然后找回自己，等待一场不期而遇的相遇。与其阐述一花一叶一菩提，不如来个痛快的一念一叶一世纪。

微语五十一 —— 人生三不明

个人的事业或人生之所以会陷入困境，不外乎有三个原因：第一，不明己。不知道自己是谁，自己陷入各种情绪和欲望的轮回之中，不能自拔。第二，不明人。不明白某些人言行背后的动机，不明白某些人像变色龙一般，人前人后的不同模样。第三，不明事。不明白事情发生的起因，更无法发现事情背后的真相！

微语五十二 —— 人生的豁达

父母赋予我们的生命，绝不是为了去践行"埋怨、仇恨、无知、贪恋、傲慢、冷漠"等种种人生的负面情绪，因为这些都会消耗我们的能量与精力，占据我们的快乐，侵蚀我们的生命。凡事都往好处想，无论经历怎样的坎坷，始终都用一颗温暖与感恩的心去面对生活，去观旅人生的风景。积极、乐观、从容、朴素、简单、宽容、善良等都是人生的豁达，都是生命的正能量。

微语五十三 —— 保持合适的距离

独处是为了不陪他人演戏，不争是为了真正放过自己，远离是对狭隘的人最大的鄙视。人与人之间最好的关系，就是不远不近的距离。这样的距离适合任何关系，彼此走得太近，最后都会引发灾难，最终都会离去。

微语五十四 —— 有钱不一定是富人

金钱本没有罪恶，它是用来检验人间百态的方程式，也是用来平衡社会发展最有效的工具。多少人的价值与三观，都败给了名和利。没钱不一定就是真的"穷人"，有钱也并不意味着你已经步入社会高级阶层。只有懂得"自律、责任、担当与奉献"的人才是真正的精英。不断提升自己能力，完善自我修养，引领社会发展，助推社会文明，才能帮助自己长久发展。

微语五十五 —— 不智慧就要交智商税

如果你既不是稀缺资源，也不是高维的思想者，在社会的人际交往中，一定会交几次以上的"智商税"。人际交往的本质是价值交换，个人没有太大的价值，就不会有高级别的人际关系；就要失去被他人利用的价值，他的价值也会被贬值。

在人际交往中，价值对等最为关键。高层的人，他们用时间比花钱更珍惜。如果你没有价值，他就不会花时间去跟你交往；要想突破圈层，就要让自己成为价值体。如果你还没多大的价值，却想攀上大哥，主要想想：他为何会让你接近？低层维度的人都想在"资本、浮华、宽门"面前急功近利，大哥之所以会吸引你，主要是想把你定位成韭菜，一旦时机成熟，就收割你！

微语五十六 —— 信息的不对称是伪名词

信息不对称，其实是个伪名词。因为信息本身就是最贵的价值交易体。没有顶层的资源做匹配，没有付出真正的代价，绝对接收不到真正的价值信息。认识顶级牛人的核心是什么？是他愿意告诉你解锁财富的密码、透露财富运行的规律及信息源的价值。

隔行如隔山！每个食物链的最顶端都有牛人把控着收割韭菜的模型系统，有多少财富就有多少秘密；他们会在宽门里打开几条通道，每个关口都有牛人把关，收取了通关费，才释放部分价值。智者，就是掌握了人类社会及大自然万物运行规律的人，他能白纸画符，也能点石成金。

微语五十七 —— 越努力越幸运

不抽时间来设计与打造自己的人生，最终就得花费大量的时间去应付自己不想要的生活。人生，所有的惊艳都来自长久的努力，所有的幸运都来自持续不懈的坚持。

微语五十八 —— 每张照片都眷念着红尘

我们所拍的每张照片都眷念着红尘，空间里记录的每段语言都在获得重生。曾经以为：老去，是很遥远的事！突然发现：年轻，已经过去很久！时光，好不经用；抬眼，已然半生！

微语五十九 —— 名利情缘人生真相

觉者由心生律，修者以律制心；千万不要装了斯文，露了痞性。众生迷茫，无明众生；众生不明真理真相，只有好恶富贵。世间有真人，真人自众生；众生眼里的神相，其实都是常人思维所不能理解的平常人。

人须与智者交往，因与其交往，本身就是一种财富，本身就是接近真相。正所谓："天下之道，大道至简。"论道极致，就是柴米油盐；人生之道，论道极致，不是社会中的名和利，就是男女间的情和缘。

微语六十 —— 一个人为何总是上不去

一个人为何总是上不去？原因只有一个，就是他的自我认知有障碍，总是困在过去的执念与认知中。不知道生命的真相，不知道自己的定位，不知道自己的使命，不明白人生的方向，不知道自己究竟要什么，不知道自己该做什么，不清楚自己能做什么，不知道如何设定自己的目标，不知道如何达成自己的目标，不知道自己的人生方向，不知道自己有何优势，不总结自己有哪些缺点，更不知自己该与谁同行。

关键点还在于：不知如何突破自己，不知如何改变自己，不知如何从师，不知如何从道。把自己定位成家鸡，无论如何，也变不成灵山里的金凤凰！

微语六十一 —— 人性与钱性

这个世界，"人和人、钱和钱，人和钱、钱和人"是最深奥的社会哲学，也是最大的关系博弈。人和人沟通，障碍重重；钱和人沟通，没有障碍，简单轻松。因为钱的话，大家都能听懂；人的话，很多人听不懂，钱不说话，但都能通。

人和人差别很大，每个人都有自己的线性想法；钱和钱没有差别，因为每张钱所表达的意思都一致。普通人看到的是：人情与钱规；高维人群懂得的是：人性与钱性。

微语六十二 —— 人的眼睛为什么会流泪

成年人的世界：天黑可以矫情，天亮只能拼命！能改变自己的都是神，想改变别人的有可能是神经病。人的眼睛为什么会流泪？因为眼睛代替了嘴巴，有说不出的悲泣。

可见，人生最大的成功，不是拥有多少财富和名利，而是比同龄人能更"有品质、有尊严、有价值"地多活几十年！

微语六十三 —— 世界上最顶级的力量

世界上最顶级的力量，是一个人不仅有高维的思想，还有跌至谷底后涅槃重生的能力。朱元璋说："雪压枝头低，虽低不着泥；一朝红日出，依旧与天齐！"所以，能力与行动改变人生，定位与智慧主宰命运。

微语六十四 —— 懂得给对的人留位

一个智慧的人，会定期清理心里的垃圾，把影响自己心情的人和事统统删除，因为只有对自己格式化，才有新的存储空间。在你的生命中，有的人在你心里殿堂的凳子坐坐，只要招待喝喝茶就行，适当的时候还要懂得逐客、送客！心脑不大，必懂留位，才能容纳新的客人。脑中记忆，有的需加密存储，有的必须即刻诛杀！对的人，智慧亲传！错的人，传一字都是灾难！

微语六十五 —— 哭泣过长夜才配谈人生

有的人，有健全人的眼睛，却没有健全的光明；有的人，有健全的肢体，却没有健全的人格！一个人的价值与背景，决定着他人对你的挚与尊！未曾哭泣过长夜的人，不足以谈人生！你没有真正的价值与实力，认识谁，都是浮云。

微语六十六 —— 笑是一种爱

笑是一种爱，干净是一种德。向能解决问题的人学习，跟有正确结果之人交友！不重要的人，没资格分担你的孤独；重要的人，又怎能随意打扰！

在这个觉醒的时代，成年人都把自己活成了一座寂静的孤岛！思想不在一个高度，只需互相尊重；三观不在一个层次，只需互相包容。

微语六十七 —— 让灵魂在天地间立正

人性的高贵，来自于灵魂的优雅；人生的豁达，来自于自身的修行。转眼间，我们已不再年轻，必须收敛脾气，必须收起任性，再不能轻易去伤害或忽略身边的人。人生已过半，该珍惜的一定要珍惜，该远离的一定要远离。淡泊名利，躬身自谦，润泽生命，充满正能，即使平凡，也要让灵魂在天地间立正！

微语六十八 —— 陪伴是最长情的告白

到了一定的年龄，我们的话语会越来越少，眼光越来越准，睡眠越来越短，思绪越来越深。且行且远，步伐践行，大道无形。天地而生；陪伴是最长情的告白，拥抱当下才是最真实的人生。

将人生的苦活成故事的经典，将生活的理融化成爱的神话！一些事过去只是时间，一些人离开只是空间，峰回路转，蓦然回首，这一生究竟谁才是沧海桑田！

微语六十九 —— 悟到才能抵达

你被世界定义，那是你的业力；世界被你决定，那是你的愿力；一念心时即花开，处处乃见真如来。因为，人生不是为了走向复杂，而是为了抵达天真。天真的人，不是没有见过黑暗，恰恰因为见过，才悟到抵达后的天真。

微语七十 —— 人生最难是重逢

过去总以为，人生最美好的是相遇；后来才明白，其实最难得的是重逢。不要浪费生命的年轮，不要挥霍梦幻的青春。生命的修行，是为了提升自我的能量，让在平行世界里的人，在对的时间、对的地点自然相遇！

微语七十一 —— 回眸恰似你的温柔

一天一天，人生就过了数载；走着走着，就到了玩不起的年龄。蹲下拾一片落叶，满手都是秋；伸手摘几片花瓣，满是春之暖；回眸一眺望，尽是你的温柔。释放梦幻的人生，生命便会开始妖娆；找到存在的价值，生活就会变得风骚。

微语七十二 —— 财富是一把标码尺

财富是一把标码尺，是人类智慧的方程式，是检测他人能力的一种特殊手段。个人的思想一旦有了边际与天花板，思维就会受到局限。要想提高个人价值，就要构建个人价值体系，打造个人 IP，建立个人品牌，做好资源的优化、配置与优选。

微语七十三 —— 对自己进行正确投资

比储蓄更重要的是对自己进行正确投资。最聪明的理财是，不断提升自我价值，用最真挚的心性反省自己！

微语七十四 —— 修身立命人生真经

青春伴随着梦想在责任中逝去，颜容伴随着无奈在年轮中变老；自己不想腾飞，谁为你展开翅膀！自己不想前进，谁愿与你同行！如时光可逆转，我必立德修命；如年轮可逆长，我必心性致始！禅境重生人生证得，修身立命人生真经。

微语七十五 —— 时间是一把度量尺

时间是一把度量尺，时钟是一把照妖镜！时间，揭开一切真相，考量一切事情，给予一切答案，诠释所有人心。时间，决定谁可留，决定谁该去；决定谁可交，决定谁必断。时间让人披上面纱，让人遁现原形；时间让人增长智慧，让人顿悟人生。

微语七十六 —— 茶为大自然的能量饮品

一片茶叶，历经百般磨难，一次次地沉睡，再一次次被唤醒；被手指轻轻一捏，便走完了生命的最后一程；茶体偶遇沸水之呼唤，死去的灵魂便在涅槃中重生，完成它至高无上的终极使命！这段不平凡的生命历程，让喝茶人在端起茶杯的那一刻，人生便得圆满，顺利过窄门。"茶"聚天地之精气，乃植物饮品中的能量之魂！而人，只要在磨难中自我超越，就能在涅槃中绝地重生！

微语七十七 —— 醒来便是重生

不要跟蚂蚱谈远景，也不要跟猴子聊人生。生活既然给了你黑夜的鼠标，为何不把它游戏到天明？既然故乡安置不了肉身，他乡容置不下灵魂，那在睡前原谅一切，醒来便是重生！

微语七十八 —— 多看看外面的世界

如果心中的疑惑找不到真正答案，就应该出去走走，去看看这个多彩缤纷的世界，去放飞内心的情怀，去释放心理的禁锢，去调节自己的心性。

微语七十九 —— 在痛苦与觉悟中修行

该遇到的人，你躲不开；该经历的劫，你逃不掉。所谓人生，其实就是听不完的故事；所谓生活，其实就是看不透的人生。人生，就是经历酸甜苦辣；人生，就是在痛苦与快乐中修行。

微语八十 —— 高级的文明

修养，表达的是自己内心秩序的文明；教养，表达的是对社会秩序的尊重。柏拉图说："只有接触到更高级的文明，你才会发现自己原来的丑陋与愚蠢。"只有接触到更高维的智慧，才会知道自己原来的思维层次是那么的低俗与平庸。

微语八十一 —— 有教养会绽放发光的人生

教养不是度量他人的尺度，而是自我约束的准绳。只有真正有教养的人，才能到达较高的生命层次。因为教养能让你赢得他人的尊重与喜欢，也是你最好的名片。

微语八十二 —— 一个人的运气全藏在他的教养里

拥有再多，缺失了教养，也只能拥有低层次的生命。时间能带走一个人的财富和美丽，唯独带不走一个人的教养。良好的教养能为一个人增色添光，教养好的人也有好的福气，一个人的运气全藏在他良好的教养里。

微语八十三 —— 用价值去创造时间

用思想去创造价值，用价值去创造时间；真正掌控自己的时间，就会成为价值的本体；你能释放多少价值，就会拥有多少时间。

微语八十四 —— 世界上最宽阔的是人的愿力

世界上最宽阔的是海洋，比海洋还宽阔的是天空，比天空还宽阔的是胸怀，比胸怀还宽阔的是人的心量，比心量更宽广的是愿力！愿力有多大，成就就有多大。愿力不可思议，愿力不可思量！

微语八十五 —— 顿悟，让生命觉醒

经历磨难，能锻造一个人生命的能量；承受苦难，能让一个人的能量得到质的飞跃。苦难，能让生命脱胎换骨；经历，能让生命更加完美；承载，能修炼真经；顿悟，让生命觉醒！

微语八十六 —— 原则才是生命导航的坐标

生长与变化是一切生命的定律，昨天的答案未必适用于今天的问题，只有你的原则才是你生命导航的坐标，只有你的情操才是你鼓舞生命的力量。

微语八十七 —— 人生的最高境界

人生最高的境界，就是你踏破了所有的希望却踏不破迷茫。没有绝望哪来希望，没有死过哪来重生，让我们化繁为简，别泪前行，只要心中有光，就不怕黎明前的黑暗有多长。

微语八十八 —— 独立经济体

现代社会的形态是要把所有人都变成独立的经济体，获取价值的方式已然发生改变。未来经济一定是价值经济，加密技术、互生模型及通道经济是解决未来经济的核心方式。

微语八十九 —— 时间验证人性

你看破了一个人，一定深信过；你已经看透一个人，一定付出过；你看穿一个人，一定受骗过；你再看淡一个人，一定珍惜过。

微语九十 —— 因果即规律

一个人的福报，源于他的善良；一个人的修为，源于他的教养。对人不要有太多的心机，否则所有用过的心计，将来都将会成为自己为自己所挖的坑。

微语九十一 —— 红颜知己的真谛

真正的红颜知己，需要的不仅仅是一个异性，而是一个可以沟通的灵魂，不仅有着相同的眼界和格局，还有其他人不能给予的一份安宁。

微语九十二 —— 拐角的自愈

现时代的人，难过时不会直接说，而会选择一曲音乐，找上一段应景文案，再配上一段忧伤的视频。坏情绪翻了好几道坎，拐了好几个弯，才能舒坦地发泄笃性。可这时，自己似乎已经在自愈。

微语九十三 —— 喜悦岁月里的验证

尊崇生命里的真诚，喜悦岁月里的验证；捍卫与人为善的知己，敬仰躬身践行的智者。在这个善变的时代，感恩我们一切的相遇，感恩彼此的相助，感恩经历后的不离不弃。

微语九十四 —— 人性不可言

利益与价值是人类交往的根本，当不能给对方带来相应价值及好处，状态再好，别人也不会把你当回事。所以说，人性这个东西，不可言、不可研、不可验！

微语九十五 —— 余生珍贵，珍惜懂得

不要跟没有思想的人谈理想，不要和没有教养的人论道德，不要跟低情商的人谈感情，更不要和看不上你的人交朋友！珍惜同频，珍惜懂得；余生珍贵，要把时间留给识货的人！

微语九十六 —— 先谋生再谋爱

在这个物质战胜灵魂的年代，多数人都搭上了欲望的列车，却把心遗落在了站台。只有少数人还能在繁华中自律，在谷底下反弹，在红尘中自愈，在修行中自爱。要懂得：谋爱先谋生，谋生再谋爱！

微语九十七 —— 女性、女人、女神

女人分为三种：女性、女人和女神。女性：穿女人衣服，长女人身体；女人：有躬世内涵的优雅，有岁月沉淀的从容，男人的港湾，孩子的殿堂；女神：男人敬重，女人喜欢，优雅智慧，气质高贵。

微语九十八 —— 如何绝地反弹

绝地反弹最好的方法是：寻得高人指点后，在最短的时间，采取最大量的行动，用最正确的方法，去做正确的事情。

微语九十九 —— 掌握说话的智慧

高情商的人，在社交中都懂得说话的智慧。即什么时候说话，说什么样的话；什么话该说，什么话不该说；什么人能说，什么人不能说；什么表情，什么眼神；用什么语气，用什么音调。

微语一百 —— 谋大事先谋人

能成大事业者都有一个共同的特点，就是懂得驭人之术，会"洞察人性，激发人欲，降服人心"；能"给人希望，给人梦想，给人尺度，给人实处"。他们能阅人，能育人。正所谓，谋事先谋人，谋人再谋事，他们更懂得驾驭人才，懂得剖析人性。

认知的全域思维

　　一个具有全域思维的人，最好的脑络结构是什么？是个人对"纵横思维形态"的认知。所谓"纵横"，就是自己的"思维逻辑、语句组合、语言结构、声律传送、指令传播"等在其思维纵向与横向的综合智慧的呈现。

横向 →

横向思维：

思考人生价值，呈现人性文明。

讲究心性和合，追求生态平衡，有使命，有目标。

高维人格，规避人生灾难！

纵向 ↓

纵向思维：

思考个人名利，彰显人性贪婪。

追求当下利益，一切为己而行，少计划，少目标。

低维人格，引发人生灾难！

第九章

智慧人生

—— 高维生命，高维能量；人生智慧，智慧人生

仁者见仁，智者见智。哲学的最高思想就是让人省悟，让人正向，让人有辨力，释放出人性最大价值。人性的最大价值是能对他人真诚的奉献与无私的给予，只有弱者，才会直接获取或破格获得。

《金刚经》中说："凡所有相，皆是虚妄，若见诸相非相，即见如来；一切有为法，如梦幻泡影，如露亦如电，应作如是观；过去心不可得，现在心不可得，未来心不可得。"所以，认清自己，不执着、不着相、活在当下，才是人生大智慧。

高维人格的密码是：有一双干净的眼，有一对清静的耳，有一张善良的嘴，有一双智慧的手，有一个觉醒的大脑，有一颗慈爱的心。永远做善举之事，永远行利他之事。让生命觉醒，活品质人生！

觉悟人生智慧

高维智慧的人生，生命的灵魂都能真正"觉醒"。觉醒即醒来，觉悟即悟道。觉悟，就是要找到高维者思维维度角码的真相。耶稣在《圣经》中说："人进入天国，是先要经过窄门，只有你进入了窄门，过了窄门，神才会告诉你天国的真相。"神说："其实我并不存在，真正的神就是你自己，神力就是你的念力，天国就在你心中。"神即是道，道法自然，如来是者；者即是自己。预成者，必须找到自己心中那一片圣洁的净土！

人生，就是要在生活的窄门里潜心悟道与忘我修行。不仅及时醒悟，珍惜当下；总结生活，总结人生。更要珍惜自己曾经走过的那扇宽门与窄门。

老子说："常无欲以观其妙，常有欲以观其徼。"人的一生，身形本身就带着无数的荆棘。稍有不慎，不刺伤他人，就刺伤自己。心不动，人不妄动，不动则不伤。所以，思想的通达，不光是让悟道者能见性，而是要让自己的思想能进入生命更高的维度，发现并看到更多的真相。

智者以法为天，仁者以德为品，觉者以道为根。

高维即是道，道是宇宙的太，太为原子，原子即为原点，原点即为万物之始；它生育万物，养育万物，运行万物，也终结万物；其大无外，其小无内，过而变之，亘古不变，其始无名，无所不包，无形无象，本无名字，人强名曰为道。所以，"悟到"方能"悟道"，"悟道"才能真正"得道"。

省悟智慧人生

一个人为何会烦恼？为何会愤怒？为何会放不下？为何会有迷茫？为何会有执念？为何会活在过去的痛苦与记忆中？因为维度不高，心量不大，修行不够，智慧不够；因为不明心，不明智，不明因，不明果，不明己，不明德。

不是所有故事都能成为你眼里的色彩，岁月会把颜色淡化。人生这场表演，需要百遍练习，才可能换来一次美丽。生活给你一些痛苦，是为了告诫你需要成长。在痛苦中教会你一些东西，在检讨中让你明白一些道理，你才能承载与担当人生中更重要的事。一遍学不会，你就痛苦一次；两遍学不会，你就再痛苦一次；总是学不会，你就会在同样的地方反复跌倒、反复摔跤。

不乱于心，不困于情；不畏将来，不念过往。人生需要沉淀，需要潜心修炼，需要有足够的时间去反思，更需要有通哲的思想去检讨，如此，才能让心态更和谐，让自己变得更完美。很多人出生时，会觉得这天地都是为他一个人而存在，意识到自己的错误，才能开始长大，开始成长。

生命的责任主要是履行我们对人生价值的取向，承载不同的角色。与其说美景存在于世界的某个地方，不如说它其实存在于我们干净的心底。改变一个人心境的从来不是繁华的都市或美丽的景色，而是你能真正做到"登高望本，驻睦当下"，愿意与生活和谐共进、化繁为简的生活信念和人生态度。

如何提升高维的生命能量 （ENERGY）

一、汇五正之罡：
正心、正念、正道、正德、正行。

二、聚天地之能：
天地万物之间，一切唯心所造；
万事皆有因果，一切因缘和合。

三、合十八之力：
认知力、感知力、学习力、决判力、影响力、思维力、
检讨力、自律力、融合力、化解力、沟通力、执行力、
组织力、创造力、转化力、包容力、领导力、行动力。

四、融高维五词：
静思、自检、改变、修炼、语气。

五、解十六金字：
正确决定、换位思考、行动速度、语言能力。

目标规划系统（GPS）

人生梦想导航系统

喜欢导航的一句话：

你已偏离路线，已为你重新规划，请在合适掉位置调头。如果人生也是如此，该有多好！

人生：方向要明确、定位要精准

事业：目标要清晰、规划要科学

顶配人生规划系统（TLSE）

人生定位，点方圆——

点线面

精准规划　价值模型

顶层思维　智慧人生

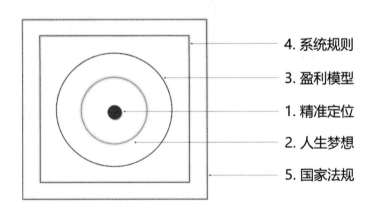

4. 系统规则

3. 盈利模型

1. 精准定位

2. 人生梦想

5. 国家法规

条件：准备一张空的白纸和一支笔。

要求：在纸上一笔画出如上图形状一样的图形（点圈方之间不可有连线），不借助任何外在工具，不断笔，不提笔，一笔完成；

结论：看自己能否在15分钟之内独立思考画出，测试自己是否具有全息思维力。

智者修能量，慧者寻天机

你的能量层级及状态，
决定你能看到什么样的世界！

人，
这辈子，
有三大本领，
一定要掌握：

一是人性；
二是规律；
三是文化属性。

规律是天道；
文化属性是地道；
人性是人道。
三者的"合力"就是 ——"天机"！

智慧人生宣言

我尊重自己，我能掌控自己的人生。

我积极追求健康而有品质的生活；

珍爱生命，爱护家人，珍惜当下；

我能管理好自己的情绪，并能调整好自己的心态；

我能协调好自己的工作、生活与家庭的关系；

我能成功地处理好自己的今天，亦能诚实地检讨自己的不足。

我积极争取每一次成长的机会，

我不会为自己的失败去寻找任何的借口，

我只为成长去寻找更好的方法。

我能规范自己的言行举止，亦能严律自己的道德品格。

我做人正直、真诚、守信，有原则；

我做事积极、果敢、严谨，守规则。

我不做危害社会之人，不做危害社会之事；

我遵守国法，遵守家规，遵做守法公民。

我不服人，是我无量；人不服我，是我无能！

若别人指责我，我不找任何借口，立即改正！

助人亦助己，在逆境中成长，在涅槃中重生！

如遇困难，那是人生的又一次成长，亦是自我超越的机遇！

言必行，行必果，承诺自我，绝不放弃！

我热爱家庭，忠诚朋友，忠诚自己！

我坚信，我一定能超越昨天，把握此刻的自己！

让生命觉醒，活品质人生！